キャリアをつくる9つの習慣

これが価値を生み出す最新の働き方だ

高橋俊介
SHUNSUKE TAKAHASHI
慶應義塾大学大学院教授

PRESIDENT Pinpoint
ピンポイント選書

キャリアをつくる9つの習慣

これが価値を生み出す最新の働き方だ

まえがき

かつてドッグ・イヤーと呼ばれたのはコンピュータ業界だけだったが、いまはあらゆる業界がドッグ・イヤーで動いている。ビジネスモデルの陳腐化スピードも高まり、今までどおりではない新しい発想で常に取り組んでいないと成果は継続できない。

仕事は細分化され、それぞれの分野で、高度な専門知識が当たり前のように求められるようになった。組織求心力と個人のやる気だけで成果を上げるのは限界である。高度な専門性を持った多様な個人同士がコラボレーションしないと高い成果は期待できない。

そんな環境の中で、グローバル環境にさらされている企業は、組織と社員にこれまで以上の高い成果を求める。

どうすればもっと仕事ができるようになるのだろう。実力が発揮できないのは、仕事や会社が合っていないからなのか。いまの仕事の先に将来の自分の姿がみえない……。ひと昔前なら、上司や先輩社員の背中をみていれば、それらの問いの答えは自然と見つかった。

いまはその上司や先輩も、答えを探して必死でもがいている。

だが、そんな現代においても、いきいきと働きながら確実に成果をあげ、自己評価と他者評価をともに手に入れているという人も、少ないながらたしかに、いる。

もしかしたら答えは、彼らの働く姿勢や考え方にあるのかもしれない。彼らがどのように、自分のキャリアをかたちづくっているのかを調べ、分析すれば、単なる勝ち組ではない、かといって自己満足でもない、目指すべきビジネスパーソン像の輪郭が、はっきりとみえてくるのではないだろうか。

私は、今日までかれこれ十年近くキャリアの研究を続けてきている。その結果、世の中ではキャリアというものが、ずいぶん誤解されているということもよくわかった。

その最たるものが、勝ち組・負け組という言葉に代表されるように、キャリアを勝ち負けでとらえようとする考え方。出世のスピードや給料の額を、キャリアを図る共通の物差しにして、勝った負けたとやるのはたしかにわかりやすいが、それはキャリアの本質ではない。

バリバリ働いてたくさんのお金を稼ぐことで満足する人もいれば、あくせく働くよりマイペースの人生を望む人もいる。

要するに、どんなキャリアが好ましいかは人それぞれ。「キャリアに勝ち負けはない」のである。

それから、最初に自分は何歳でこうなるという目標を立て、その目標に向かって計画的に積み上げていくというのもまた、キャリアの誤ったイメージだ。

数日や数週間、長くても数カ月を単位として行われる仕事なら、事前に達成目標を設定し、計画的に実行することには十分意味がある。しかし、キャリアというのは数年、数十年という非常に長い時間の積み重ねによってできあがるものなのである。

これまで人類が経験したことがないくらい変化の激しい時代を、私たちは生きているということを忘れてはいけない。一年先に何が流行っているかすらわからないというのに、数十年も先の世の中がどうなっているかを正確に予測するなど不可能だ。つまり、いま、自分はこうなりたいと思っていても、前提条件が変わってしまえば、目標そのものが意味をなさなくなってしまうのである。

たとえば、転職など考えず、現在の会社で出世の階段を上るキャリア・プランを立てたところで、途中で経営陣が入れ替わり、業態も変わって、社員に求められる能力やスキルも様変わりしてしまうかもしれない。目標があって計画を立てたら、あとは自分の意思でキャリア形成ができるなどというのは、いまや組織内ですら幻想でしかないのだ。

「キャリアは計画的につくれない」ということも、ぜひ覚えておいてほしい。

しかしながら、現実には満足度の高いキャリアをつくっている人と、そうでない人がいる。この差はいったいどこから生まれるのだろうか。

じつは、それを左右するのは、日ごろどのように仕事に取り組んでいるかなのである。もっというと、日々の習慣の積み重ねによって、その人のキャリアの質は決まるといっていい。

これは、私が慶應義塾大学のキャリア・リソース・ラボ(注・キャリアに関する研究組織)で行った数千人に及ぶアンケート調査や、ビジネスパーソン数十人のキャリアインタビューを通して得た結論であり、また、海外の研究者の間でも、最近は同様の考え方が主流になっている。

さらに、この前提に基づいて、「プレジデント」誌上の「ＭＶＰ社員」「最優秀社員」「金メダル社員」特集に登場していただいた、日本を代表する企業で自他ともに認めるキャリア形成をしていると自他ともに認める人たちの個人分析をさせてもらったところ、彼らの仕事習慣には、明らかに共通点があるという事実が判明した。

本書ではそれを「九つの仕事の習慣」にまとめ紹介している。

それらの習慣が何であるかを知り、意味を理解しさえすれば、自分でも習慣化することは十分可能だ。そして、それはすなわち、ＭＶＰ社員や最優秀社員や金メダル社員に、あなたもなれるということにほかならない。

そうして好ましいキャリアがつくれるようになることが、この本の目的である。ちなみに、好ましいキャリアをつくっている人というのは、ここでは以下のようなタイプであると定義する。このことを踏まえ「プレジデント」誌、また本書でも一部紹介している人たちのインタビューに目を通していただければ、より具体的にイメージできるだろう。

1、価値を創造し提供している人

生み出した価値を提供する相手は、あくまで顧客であって上司ではないというところがポイント。上司のウケがよくて出世が早いような人はここには入らない。また、自分だけが納得している自己満足型も違う。社会的に名誉を得たとか、外からみて成功しているようにみえる人も、価値の創造や提供を伴っていなければ好ましいキャリアとはいえない。

また、顧客に提供するのは価値であって、単に正しいことではないという点も押さえておく必要がある。コンサルタントを例にあげれば、たとえ正しい提案をしても、それがわかりきったことや実現不可能なことなら、顧客はフィーを払いはしない。顧客に対しヴァリュー感のある提案ができて初めて、コンサルタントなのである。

2、仕事を楽しんでいる人

高い目標へのチャレンジが本人にとって自然体である、いわゆる達成動機がとても高い人は、世の中で経営者やトップアスリートとして大きく成功している人に多い。その姿に拍手を送る人がいたとしても、自分自身が同じタイプとは限らない。そのような人が目標を設定し、無理をして歯をくいしばってその目標に突き進むような場合は、好ましいキャリアであるとはいいがたい。なぜなら、そのような働き方だと、途中で燃え尽きてしまう危険が高いからだ。また、仕事熱心にみえてもそれが、仕事をやっていないと不安でたまらないワーカホリズムゆえにそうしているのだとしたら、これもやはり同じ理由でキャリアの手本にはならない。

好ましいキャリア形成につながるのは、プロセスを楽しみながら、なおかつ結果も残すという働き方なのである。

同じ仕事に打ち込むにしても、ワーカホリズムではなく、自発的に仕事にのめりこんでいくエンゲージメント（愛着心・のめり込み）なら、これはまったく問題ないどころか、むしろ理想的といっていいかもしれない。

ただし、仕事を楽しむというのは、楽をするという意味ではない。楽をすることに価値を感じる人は、仕事にやらされ感があるからだ。やらされ感のある仕事を、うまく手を抜いてやったところで、それが好ましいキャリア形成につながらないのはいうまでもない。エンゲージメントの大原則は仕事への主体的関与である。

3、貪欲に成長している人

仕事というのは基本的にアウトプットだが、アウトプットばかりだと自分の身が細る一方なので、これでは長く仕事を楽しむことはできないし、たいしたキャリアも築けないだろう。

好ましいキャリアをつくっている人は、仕事で成果を出しながら、同時に人脈や知見、専門能力といった資産を増やし、自分自身を成長させる働き方の習慣が身についている。アウトプットとインプットがトレードオフではなく、成果と成長のよい連鎖ができているといってもいい。

そういう成長に貪欲な人は柔軟性があるので、どんな仕事をしてもそこから何かを吸収しようとするし、仕事以外の私的な経験からも学ぶことができる。そして、そうやって獲得した資産が、また別の仕事や異なる局面で活きてくるから、その繰り返しでキャリアがどんどんいい方向に展開していくのである。

そう考えると、キャリアに無駄というのはそもそもないといえる。逆に、最初に目標を立てたら、関係のないことは極力排除して、最短距離で目標に到達しようという考え方では、学びと成長の機会が限定されてしまうので、結局痩せたキャリアになってしまうのだ。

構成 ◉ 山口雅之
図版制作 ◉ ライヴ・アート

1章

9つの習慣 その①
勝負能力

勝ちパターンをもっているか

勝負能力とは、これを発揮すればいざというときに
高い成果を出すことができる、その人らしい能力のことをいう。
好ましいキャリアを築いている人は、この勝負能力を活かした
独自の「勝ちパターン」の持ち主だといえよう。

勝ちパターンをもっているか

勝負能力とは、これを発揮すればいざというときに高い成果を出すことができる、その人らしい能力のことをいう。好ましいキャリアを築いている人は、この勝負能力を活かした独自の「勝ちパターン」の持ち主だといえよう。

それでは、数ある人間の能力のうち、どういうものが勝負能力になり得るのか。条件をひとつ挙げれば「楽しく発揮できる能力」になる。自然体で使うことができて、しかも使うときに苦痛を感じないというのが、勝負能力というわけだ。

楽しく発揮できるということがなぜ大事か。楽しく発揮できない能力を、無理やり鼓舞して勝負に使った場合、長い間にいずれは燃え尽きてしまう可能性がきわめて高いからだ。それでは、楽しく発揮できる能力とそうでないものの違いはいったいどこにあるのか。

「楽しく発揮できる」とは、その能力がその人の「動機」に基づいているということだ。ここでいう動機とは、その人固有の、内側から湧き上がってくるドライブのことだ。動機には、遺伝的要素と子どものころの環境が関与しているらしいが、詳しいことは、じつはまだよくわかっていない。しかし、一八歳を過ぎると大きく変わることはないというのはたしからしい。

心理学ではこの動機のことを「心の利き手」と呼ぶこともある。たとえば自分の名前を紙に書くとき、右利きの人が右手でペンをもてばなんの苦痛も感じないが、これが左手だとそうはいかない。かなりの集中力が必要だし、時間もかかる。しかもどんなに丁寧に書いても普通は右手ほど上手には書けない。心もまったく同じで、利き手ではない能力を使おうとすると、なかなかスムーズにいかないし、苦労のわりにたいした成果はあがらないのだ。

勝負能力となる三つの動機

私はこの動機をその性質によって、「コミットメント系」「リレーションシップ系」「エンゲージメント系」の三つに分類している。

コミットメント系は、何かを成し遂げるということに積極的に関与していく目的合理的な動機で、代表的なものに「達成動機」と「パワー動機」がある。それぞれ高い目標を達成したい、人を動かしたいという動機のことで、とくにパワー動機のほうは支配欲にもつながってくる。

ほかには、人に勝ちたいという動機の「闘争心」、周囲からほめられたり、すごいといわれることが動機になる「称賛欲」などがある。

トライアスロンというのは市民スポーツの中でもかなり過酷な部類に入ると思うが、それを四十歳過ぎから始めた女性が私の知人にいる。あるとき彼女に、トライアスロンのどこがそんなにおもしろいのか尋ねたところ、とにかく自分に勝ちたいのだそうだ。自分の前回のタイムを目標にして、それを破ることだけに集中しているので、他の選手のことや順位などはまったく気にならない。自己記録が出たときの喜びは筆舌に尽くしがたいともいっていた。

彼女は典型的な達成動機の強いタイプ。でも、闘争心は弱いので、戦う相手はいつも自分なのである。自分に勝ちたいというのはそういうことなのだ。

ハイレベルのリーダーになって成果を出そうという人は、このコミットメント系の動機の中で、一つか二つが人並み以上に強くないと、リーダーになっても楽しめないのでうまくいかない可能性が高い。

リレーションシップ系は、人となかよくしたい、うまくやっていきたいという「社交（親和）動機」がその典型。周囲からは社交動機が強くそういう思考や行動が習慣化すると、社交的な人になる。

ただし、社交動機が強ければ、どんな場所でも社交的に振る舞えるというわけではない。庶民レベルのつきあいしかない人が、突然上流階級のパーティーに呼ばれて、他の参加者とすぐに打ち解けることができるかといったら難しいだろう。ただ、ドライブは強いのだから、社交のスキルさえ身につけば、そういう場所でも自然に溶け込むことができるようになるはずだ。

この社交動機がまったくないという人もいる。以前、手品師やタレントとして活躍しているマギー司郎があるテレビ番組で、どうしてカラオケに行くとひたすら歌を歌い続けるのかと聞かれて「歌っていないと何かしゃべらないといけないけど、何をしゃべっていいかわからない。それでつい歌ってしまうのです」という話をしていた。

これが社交動機の弱い人の典型で、世間話がうまくできないのだ。ただ、彼の場合は称賛欲が非常に強いので、芸人として成功しているのだろう。

ほかには「伝達動機」がある。これは自分が思ったことや知っていることなどを、とにかく人に伝えたいという動機だ。おしゃべりな人というのは、この伝達動機と社交動機の両方が強いと思っていい。また、一見無愛想なのに、話題が自分の専門分野になると堰を切ったように話し始める大学教授や、お客さんのところにいくと世間話もせず、いきなり本題に入ってまくしたてるように話す営業マンなどは、社交動機が弱くて伝達動機だけが強いタイプだ。

人の話を聞いて理解したいという「理解動機」というのもある。海外留学をしてすぐに言葉が聴き取れるようになる人は、だいたいこの理解動機が強い。一方、伝達動機の強い人はスピーキングの上達が早い。このように、スキルの獲得にも動機は深くかかわっているのである。

そして、人から感謝されたいという「感謝動機」。一般的にみて「いい人」というのは、たいていこの感謝動機の強い人だ。

リーダーシップには、コミットメント系だけでなく、リレーション系の動機も必要である。コミットメント系だけだと人がついてこないからだ。コミットメント系の動機を基本としながら、リレーション系の動機を補完的に使えるようになれば、効果的なリーダーシップが発揮できるようになる。

エンゲージメント系は、アウトプットを出すとか、人と仲よくするとか、何かの目的のためではなく、思わずのめり込んでしまっているという状況をつくろうという動機。動機の中にはこういうものもある。この典型が自分のことは全部自分で決めたいという「自己管理動機」。すき焼きをやると、野菜を入れる順番や味付けなどの一切合財を仕切らないと気がすまない「鍋奉行」をイメージしていただくといいだろう。

ともすれば「頑固」「わがまま」とみられがちだが、自己管理は得意だし、また自分の立てた計画通りきちんと物事を進めることができると考えると、仕事に役立つ動機だともいえる。

ただし、この動機が強い人が管理職になると、部下の一挙手一投足にまで口を出さないといられない過剰干渉か、逆に、見ると何かいいたくなるからと自分は何もタッチせず、すべて部下任せにする放任主義のどちらかになる可能性が高い。これらは仕事において、自己管理動機が悪い方向に作用するケースだ。

また、家庭でも、夫婦がともに強い自己管理動機の持ち主だと、それぞれが自分のやり方を押しつけようとするので、夫婦いっしょに何かしようとすると喧嘩が絶えないということになる。

「外的管理動機」はルール志向という点で自己管理動機に似ている。ダイエットに成功するのはこの両方が強い人。カロリー計算や決められた運動を毎日きちんとこなすことも苦にならないのだ。ただ、外的管理動機だけでは、外から指示を与えられないと自ら動き出せない指示待ち人間になりやすい。

抽象的なことや概念的なことを考えるのが好きな「抽象概念動機」もエンゲージメント系動機のひとつだ。この動機が強い人は仕事をしていても、現場で経験したことをいつの間にか抽象化し普遍化してしまう、高い学習能力の持ち主だといえる。

「切迫動機」は、やるべきことは前倒しして、早く済ませてしまいたいという動機で、仕事が早いという人には、たいていこのドライブが強く働いている。

自然行動と習性行動

いくら強い動機をもっていても、その動機を活かす場がなければ、しょせんその動機は単なるポテンシャルで終わってしまう。

動機に場が継続して与えられることで、その動機にドライブされた思考や行動が繰り返し発揮され、やがてそれらはそこで得られたスキルとともに定着し、その人の特性となる。

もちろん、動機などなくても場さえ常に用意されていれば、同じようにして思考・行動特性を習慣化することも不可能ではないが、それにはかなりの強い意志による継続が必要なのはいうまでもない。

人材コンサルティングを専門に行うキャリパージャパンが提供するアセスメントツール「キャリパープロファイル」では、以上のようなさまざまな動機を測定することが可能だ。彼らは動機があって場が与えられた結果、自然と習慣化した行動を「自然行動」、動機はないが意識して努力することで獲得した行動特性を「修正行動」と呼んでいる。

キャリパープロファイルを用いた調査結果によれば、若いころは自然行動の割合が大きいが、おとなになって組織で働くようになると、今度は修正行動の割合が高まってくるということだ。

しかし、修正行動があまりに行き過ぎて過剰適応になってしまうと、キャリアの自律性が妨げられ、燃え尽き症候群にもつながりかねない。会社全体をみても、修正行動の割合が高い人ばかりが経営陣を占めていると、暴走をしない代わりに変革が遅々として進まないということになる。大企業病に陥るのは、たいていこういう会社だ。

闘争心がなくても営業はできる

みずほ銀行の鈴木奈美さんのインタビュー（三〇ページ）には「必ずライバルをつくる」というフレーズが出てくる。これは、コミットメント系動機である闘争心が強い証拠だ。この動機をもつ人は、身近にライバルがいるとやる気がもりもり湧いてくる。彼女の場合、それを自分でもよくわかっているのが強みだ。

「接客の際は相手の立場に立って、自分ならどういうふうに接してくれたら嬉しいか考える」というのは、リレーションシップ系の理解動機である。

鈴木さんはこの二つの動機をフル活用して、ハイレベルのモチベーション維持と、どんな層の顧客の信頼も勝ち取ってしまうという勝負能力をつくりあげた。だからこそ高い成果をあげ続けているにもかかわらず、まるで悲壮感がないのだ。

自分は彼女と同じ営業なのに、闘争心や理解動機がないからといって落胆する必要はない。営業職に役立つ動機は、これ以外にもいくつかある。

感謝動機がある人は、お客さんから「ありがとう」といわれたいという気持ちが、やる気につながる。難攻不落な相手を攻め落とせるのは、相手を説得することに燃えるパワー動機をもった営業マンだ。称賛動機の強い人は、成績優秀者として表彰されることでセルフ・モチベーションが喚起される。伝達動機の強い人はプレゼンテーションや商品説明にそれを活かせるし、抽象思考動機の持ち主は、顧客の分析や営業戦略の立案といったところで力を発揮するはずだ。クイックレスポンスでお客さんから重宝がられるのは、切迫動機が強い人と相場が決まっている。達成動機が強ければ高い売上目標も苦にならない。

このように、自分の仕事に使える動機はたくさんある。自分のもっているどの動機が、現在の仕事にどのように活かせるかを考え、そこに火をつけるというのが、仕事を楽しみながら成果をあげるコツであり、好ましいキャリアづくりの第一歩だといえよう。

ダースベーダーにならぬよう幽体離脱せよ

動機が強ければ強いほど、その動機をベースにした勝負能力のポテンシャルも大きくなるのだから、それがなんであれ、強い動機は歓迎すべきだ。

しかし、使い方を誤ると、今度はその動機の強さがあだになって、動機のもつマイナス面が強烈に出てしまい、その結果自分の価値を貶めることになるから注意しなければならない。

私はこれを「ダースベーダー化現象」と呼んでいる。ダースベーダーとはもちろん、映画『スターウォーズ』で、もともともっていた強い力を、憎しみや怒りというネガティブな感情で使うようになって、ダークサイドへ落ちてしまったあのダースベーダーのことだ。

たとえば、強いパワー動機をうまく使い成功していたリーダーが、組織のトップに上り詰め、もはや自分を諌める人間はいないとなった途端、暴君と化すことは決して珍しいことではない。

そうならないためには、早くから自分で自分を律することを習慣づけることだ。それには、自分の動機の悪い部分が出たら、すかさずもうひとりの自分が、「またそんなことをやっているのか」「いい加減にしろ」とたしなめる癖をつけるといい。私はこれを「幽体離脱の習慣化」と呼んでいる。

また、お互い厳しいことをいいあえる人間関係を、友人知人と築いておくのも効果がある。とくに率直なフィードバックをくれるのは家族だから、日ごろから家族と過ごす時間を意識してとるようにするといいだろう。

「目標を持つ」は万人向けではない

動機は勝負能力の源泉になるだけでなく、どういうふうにキャリアがつくられていくかもまた、動機によってかなり影響を受ける。

コミットメント系の動機が強い人は、仕事で結果を出すことでアピールし、それによって訪れたチャンスでまた結果を出すという繰り返しで、キャリアをつくっていくというケースが多い。

社内外の人間関係によって仕事が広がりキャリアが発展していくのは、リレーション系動機をうまく活用している人の特徴だ。

将来のことはあまり頭になく、ただひたすら目の前の仕事にのめりこんでいるうち、その仕事の中に新たな興味が見つかったり、次にやるべきことがみえてきたりして、振り返ったらそこにキャリアができていたというタイプは、エンゲージメント系の人に多い。

コミットメント系の達成、パワー、称賛といった動機と、エンゲージメント系の自己管理動機の両方が強い人は、最終的に起業が向いているだろう。

一方、そのような上昇動機は強いが自己管理動機はそうでもないということになると、大きな組織の階段を着々と上っていくというのが、もっともその人らしいキャリアのつくり方といえそうだ。

自己管理動機は強いが、上昇動機の弱いタイプは、社内プロフェッショナル的な働き方、さらにはフリーランスという働き方が向いているから、それが可能な職種を選ぶといいだろう。

上昇動機も自己管理動機も弱いという人は、例えばリレーションシップ系動機を活用し、まずいまの組織の中で、自分の役割をきちんと果たして良好な人間関係を作っていく――そういったことの積み重ねでできるキャリアもあるのだ。

動機の特徴と組み合わせによって、キャリア形成のパターンが変わってくるということは知っておいたほうがいいだろう。

世に流通しているキャリアづくりの方法論や考え方は、最初に高い目標をもつことを説くものがほとんどだが、それはコミットメント系の達成動機やパワー動機などをもった人にとってのみ有効なのであって、決して万人向けではないのである。

目標主義が大手を振っているのは、成功者といわれている創業経営者やトップアスリートたちに、上昇系の動機をもっている人が多いからにすぎない。そういう動機の弱い人が無理やり上昇志向をもとうとしてもうまく機能しないということは、すでにこれまでの説明でおわかりだろう。

COLUMN

みずほ銀行

勝田台支店渉外課
フィナンシャルコンサルタント

鈴木奈美◆29歳

千葉県八千代市にある勝田台支店周辺には、年配の資産家や、定年退職したサラリーマンが多い。鈴木さんはそうした顧客宅を訪問、投資信託・外貨預金・個人年金保険の販売や、みずほマイレージクラブの勧誘、遺言信託、遺産整理業務を行っている。

みずほ銀行には、成績が際立った行員を表彰する制度がある。鈴木さんはその優秀賞、優良賞の常連。「目覚めた」きっかけは、〇五年一月の支店移転。同ビル内の旧富士銀行側のローテラー（丈の低いカウンターで対応する窓口）の女性が連続受賞者だった。

高校卒業後、一九九五年に旧第一勧銀に入行。入行二年目の一二月に当時の支店長の推薦で営業に。二〇〇六年一一月に特定職（一般職）から基幹職（総合職）に転じる。同年六月にフィナンシャル・プランナー（FP）2級を取得。同年七月、FC研修で特定職・渉外部門の代表としてパネルディスカッションに参加。

「同年齢で、高卒の私のほうが二年先輩だったのですが、目標の数字を大きく上回る実績が非常に衝撃的で……ああ、こんなに頑張っている人が身近にいるんだ、この人に負けたくないな、と思ったんです」

〝凄い負けず嫌い〟を自認する鈴木さんは、その女性が寿退社した後も、ひそかな「心のライバル」を勝手に決めて仕事に邁進しているという。

「ローテラーの方や、目の前に座っている男性基幹職の方とか、身近なほうがいい。抜かれたら必ず抜き返すし、私のほうが上にいたら、抜かれないように突き進みます」

顧客に気に入られるスキルとは？

「お客様と親しくなること、聞き上手になること、共感すること。この人話しやすい、信頼できそう、という安心感を持ってもらうことが一番大事。もし私だったらどう接してもらえば嬉しいか、と常々考えてます」

（「プレジデント」2006年1月2日号掲載記事より要約。肩書や内容はいずれも雑誌掲載時のもの）

2章

9つの習慣 その②
現場体験

なぜ、現場体験は有効なのか

いくら経営学のＭＢＡをもっていようが、現場経験もない人間が
会社経営などできるはずがないという言い方は、ある意味正しい。
しかし、ただ闇雲に現場を歩きまわったところで、
肝心なものは何もみえないだろう。

なぜ、現場体験は有効なのか

現場に足を運んで、自分の目と耳と手で確かめることの大切さを口にするビジネスパーソンは珍しくないが、その理由がちゃんとわかっていて、なおかつそれが行動特性として習慣化するまでに至っている人となると、そう多くはいないのではないだろうか。

いくら経営学のＭＢＡをもっていようが、現場経験もない人間が会社経営などできるはずがないという言い方は、ある意味正しい。現場に行かなければみえない問題点や課題はたしかにある。

しかし、ただ闇雲に現場を歩きまわったところで、肝心なものは何もみえないだろう。重要なのは、あらかじめ仮説や問題意識をもって現場に行くということ。それで「あれはこういうことだったのか」と腑に落ちたとき、本当の気づきや発見が生まれるのだ。さらに、それを自分の言葉で概念化していけば、生きた知識として自分の中に蓄積されていく。この学習のレベルまできて初めて、現場体験は役に立つといえるのである。

現場を知っていることは、リアリティのあるシミュレーションができるということにもつながる。商品開発にしても人事制度にしても、頭の中だけでつくった企画というのは、必ずといっていいほどうまく機能しない。現場の隅々までわかっていないと、実効性のあるシミュレーションは無理なのだ。

いきいきした現場事例があると説得力が増すということも、現場体験のメリットだといえる。新商品の企画などを説明するときは、どうしても話が概念的になりがちだが、その際に「これを買ったお客さんは、ほとんど迷わずにこの商品も買います」といった話が加わると、相手も具体的なイメージが湧いて納得しやすくなるのである。

さらに説得力を高めるなら、現場事例だけで終わらせず、マクロ数字を加えて定量化するといい。「現場で調査したのと同じ年齢層の主婦はこの商圏で○○人。そのうちの三割がこの商品を購入すると仮定すると、売り上げは××円になります」という具合だ。

ただし、このマクロ数字が説得力をもつのは、あくまで現場体験に裏付けられた仮説があるからなのである。マクロ数字の分析だけしても堂々巡りにしかならない。

そこにいる「キーパーソン」を見つけだせ

自分で現場を体験するだけでなく、現場の人の話を聞くことも忘れてはならない。

しかし、話を聞くのは意外に難しい。なぜなら、現場で働く誰もが、課題解決に役立つ価値ある情報をもっているわけではないからだ。ゆえに、そういうキーパーソンを効率よく見つけるのもまた、非常に重要な能力だといえる。

キーパーソンになり得るのは、端的にいうとその現場で問題意識をもって働いている人ということになる。問題意識があるから、本質がみえるのだ。

しかし、いくら経験が豊富であっても、自ら学ぶことをせず古い経験にあぐらをかいているようなら、その人は何もみていない可能性が高い。どこの職場にも、そういう「古手のすれっからし」は必ずいる。彼らに話を聞いても「そんなことやってもしょうがない」「客っていうのはこんなもの」というような、否定的な言葉しか返ってこないから、これは時間の無駄。ベテランならこちらの知りたい情報をきっともっているはずだという先入観は捨てたほうがいい。

それでは、現場に行って「この人は問題意識をもっているか否か」を、どうやって判断すればいいのだろう。それには、自分自身が素人なりの問題意識をもって、「どうしてこうなんだ」「これは変えられないのか」という素朴な質問をぶつけていくことだ。素人の感じる疑問というのは、時に本質をかすめる。そして、普段からそういうことについて疑問を感じている人が、それに関する質問をされたら、待ってましたと自分の意見や見解を必ずしゃべってくれる。それこそがあなたが知りたかった貴重な情報なのである。

そうやって現場できちんと問題に向き合っている人を探し出し、本質に触れる話が引き出せれば、少なくとも現場を経験していない人が一から考えるより、よっぽど効率よく課題解決にたどりつけるはずだ。

「翻訳」してから現場を伝えよ

仮説や問題意識をもって現場に行き、そこで気づきや発見につながる体験をし、さらに、現場のキーパーソンから問題の本質に関する意見や見解を引き出したとしても、それだけではまだ十分ではない。それらを、現場を知らない人に伝えるという重要な作業が残っている。

しかし、ただあなたが見たこと聞いたことをそのまま言葉にしただけでは不十分だ。それでは受け売りの域を出ず、受け売りでは説得力がない。伝える前に現場で得た情報をもう一度自分の中で噛み砕き、それらの意味するところがたしかに自分の中で腑に落ちたなら、それを抽象化して自分の言葉にするという翻訳作業が必要なのだ。自分の言葉になっていなければ、その言葉には、人を動かすだけの説得力が宿らないのである。

これは、伝える相手が上司や経営陣でも、サプライヤーなどの社外の人間でも同じだ。自分が得た知見や確信、自分の考えを抽象性の高い言葉で「こうだ」と表現でき、さらに「たとえば」と迫力ある事例で説明できる、これが人を「ポジティブに巻き込む」伝達能力であり、これが自然にできる人のことを、コミュニケーション能力があるという。

エキナカの商業施設「ecute《エキュート》」の女子トイレの便座数を増やすために、百貨店や駅前の商業施設の便座の数を一つひとつ数えて回り、最後にはそのデータをもって会社の上層部を説き伏せた経験をもつ、JR東日本ステーションリテイリングの鎌田由美子さんは、まさに現場体験を自分の言葉で語れるコミュニケーションの達人だといえよう。

COLUMN

JR東日本ステーションリテイリング

代表取締役社長

鎌田由美子◆39歳

駅構内に続々と誕生する新しい商業空間「エキナカ」。二〇〇五年三月、埼玉の大宮駅構内に「ecute（エキュート）大宮」がオープン。一〇月には、都内品川駅構内に「エキュート品川」が開業。鎌田は、そのエキュートの生みの親である。

出向先の駅ビル「吉祥寺ロンロン」から、二〇〇一年一二月に立川駅・大宮駅開発プロジェクトへ異動し、仲間のメンバー一二人と共に現場に飛び出した。両駅で三日間ずつ始発から終電まで、改札口や既設店舗の前などに立って行き交う人を観察し続けた。

「同じ人でも駅に入ったときと出たときとでは、買い物袋などの持ち物が変わっている。現場でしか得られない貴重なデータを集めることができた」

役員会に諮るべく、鎌田たちはプランづくりに入った。何より人が自然と集う快適な空間にしたい。間接照明のほうが優しい雰囲気を演出できる。幼児を連れた女性客は、保育所があれば助かるだろう――。しかし、初めての試みのものがほとんど。鉄道事業を柱に据え、男性社会の色合いが残る社内で理解を得るのには苦労があった。「プレゼントを買うとき奥様はなぜコンビニでなく、百貨店に行くのか考えていただきたい」と役員に問いを投げ返すことも。トイレの問題もしかり。鎌田は語る。

「駅の乗降客だけ見ると男性のほうが多い。でも、店舗内の滞留時間は女性のほうが長い。だから店舗内のトイレは女性の便器の数を増やしたい。そこで新宿のルミネやグランデュオなどの百貨店を回って、男性と女性の便器を数えた。現場のデータを示し、初めて役員に納得してもらえた。現場を重視しようとする執念がスタッフで共有化できたから実現したのだ」

（プレジデント」2006年1月2日号掲載記事より要約。肩書、内容は雑誌掲載時のもの）

3章

9つの習慣 その③
ネットワーク

社会関係資本の構築

仕事には通常、たくさんの人の協力が必要だ。
キャリアもまた、人との出会いや人間関係を通して広がっていく。
好ましいキャリアをつくっている人には、さまざまな人間関係を
大事にしている人が多いのももっともなのである。

社会関係資本の構築

仕事には通常、たくさんの人の協力が必要だ。キャリアもまた、人との出会いや人間関係を通して広がっていく。好ましいキャリアをつくっている人には、さまざまな人間関係を大事にしている人が多いのももっともなのである。

いまや定番商品となったボトル入りガム、これを世に出しヒット商品に仕立て上げたロッテの関哲哉さんは、社外の専門家や大学教授とのネットワークをことさら大事にしているという（四七ページ）。その秘訣はクイック・レスポンス。おそらく切迫動機が強いのだろうが、何か聞かれたらたとえ一〇〇％ではなくとも、すぐに答えを返すのだそうだ。その習慣が彼の信頼を高め、彼の周りにネットワークが出来上がっていったのである。

多くのネットベンチャーを成功に導いた伊藤忠商事の野田俊介さんも、仕事上のつきあいで始まった関係を、上手に自分の人脈に変えている（四八ページ）。

仕事や人生にベネフィットを与えてくれる人間関係のことを、社会心理学では「社会関係資本」と定義している。あくまで、ベネフィットを得られるということが前提なので、ただ名刺交換をしただけとか、年賀状のやりとりしかないような関係というのは、これに入らない。

ただし、ベネフィットといっても、期待するベネフィットから逆算した、目的合理的につくったネットワークではない。基本は「信頼」と「互酬性」だ。

互酬性というのは、ひと言でいうなら「情けは人のためならず」という意味である。要するに、見返りを求めずに自分のネットワークを構成する人の役に立つことをしていると、いつかそれが思わぬ形で自分にも返ってくるといっているのだ。

信頼のおける人たちとネットワークを築き、そこにある人間関係に投資しなさい。そうすればいずれあなたにもメリットがありますよ――。社会関係資本とはこういうことをいっているのである。

ということは、組織内での差別化やキャリア形成にいい影響を及ぼす社会関係資本を築くには、周囲に信頼されるような行動をとることと、人間関係に継続的に投資し続けることの二つを習慣化すればいいということがおわかりだろうか。私はこれを「布石」と「投資」の習慣化と呼んでいる。

ところが、実際はそれだけではない。もうひとつ忘れてはならない重要なことがある。それは、出会った人間が信頼に足るかどうかを見抜くということ。社会関係資本をうまく活用している人というのは、例外なくこの「見抜く能力」に長けているといっていい。見抜く能力を身につけるには、さまざまな人とフェイス・トゥー・フェイスのコミュニケーションを重ねていくのがいちばんだ。

ところが、最近はビジネスの世界でも、eメールのようなインターネットを通したコミュニケーションが主流になってきていて、相手の顔を間近にみながら会話をする機会が減りつつある。その人が信頼できるか否かは、話の内容以上に、相手の表情や声、仕草などから得られる情報が大きな意味をもつのだが、ネットを通したデジタル・コミュニケーションでは、それらが伝わらない分信頼の判定が難しいといえる。

同じ理由で、友人との会話はもっぱらケータイメールという最近の若者には、見抜く能力が育たないまま社会人になってしまっている人が少なくない。こういう人がいざ社会関係資本をつくろうと思っても、なかなかうまくいかないのは当たり前だ。これも、ネットワーク社会のひとつの盲点だといえる。

自分は見抜く能力が弱いと自覚している人は、自分の人間関係を振り返り、ＩＴやデジタルに偏っているようだったら、意識してフェイス・トゥー・フェイスのコミュニケーション体験を増やすことから始めるといいだろう。

キャリアは「弱い絆」で広がる

社会関係資本は、開放性と多様性がともに高い「弱い絆型」と、その反対に開放性も多様性も低い「強い絆型」の二つに分けられる。

前者は、ネットワークを構成する人の年齢、性別、職業、国籍などがさまざまで、自分はメンバー全員を知っているが、メンバーどうしは必ずしも知り合いというわけではなく、自分が結節点になっているようなネットワークを指す。

後者は、メンバーの共通性や類似性が高く、人数は比較的少ないが、それぞれの結びつきは強いネットワーク。大学のサークルや職場の研究会のようなものをイメージするとわかりやすい。

自分のネットワークはどちらの色彩が強いのかを知りたいなら、「五角形分析」をやってみるといい。まず、紙に五角形を描き、次に、自分の人脈から、日ごろ刺激を受けたり、よく相談に乗ってもらったりする、自分にとって重要だと思う人の名前を五人あげ、五角形の頂点にそれぞれの名前を書く。最後にお互いが知り合いの人を線で結んで、その線の数を数える。全員が知り合い同士なら線は十本だし、相互に知り合いがいなければゼロだ。

このとき、引かれた線が多いほど開放性が低く（＝ネットワークが閉じている）、少なければオープンで開かれた人間関係の中にいるということになる。

（参考『ソーシャル・キャピタル——人と組織の間にある「見えざる資産」を活用する』ダイヤモンド社）

一般に、強い絆型のネットワークというのは、ピンチになったとき心理的なセイフティーネットになってくれるというメリットがあるが、人間関係が閉じているので、そこで仕事やキャリアが発展的に広がることはあまりない。仕事に役立ち、キャリアを広げるチャンスを与えてくれるのは、弱い絆のネットワークなのである。

先ほど述べた人間関係に対する布石と投資の習慣というのは、まさにこの多様で開放的な、弱い絆の社会関係資本をつくるために必要なのだ。

よいネットワークをつくる「健全な世界観」

人脈に恵まれている人をよく観察してみると、布石と投資の習慣が身についていると同時に、非常に健全な世界観や人間観の持ち主であるという共通点があることがわかる。

あるスーパーマーケットの店長は、正社員に向かって「そんな仕事はパートにでもやらせておけ」というようないい方をよくしていた。あるとき、お客さんからレジの接客態度がよくないというクレームがきたので、「いつも笑顔で接客しろ」とレジを打っているパートの女性に注意をしたところ、その女性から「そんなことができるくらいだったら、こんなところで働いていません」と逆にくってかかられたそうだ。

そのとき、彼は「お客さんを不快にした彼女の態度は、パートタイマーに対する自分自身の偏見が生み出したのだ」ということに、初めて気がついたという。

店長が、パートタイマーなんてこの程度の仕事しかできないと思っていたら、パートタイマーのほうは、「だったらこの程度の仕事をしていれば十分でしょ」ということになってしまう。つまり、店長の人間観が、その店のパートの仕事レベルを決めてしまっていたのである。

ネットワークも同じで、どんなに布石と投資をしようと、結局は自分が発信した世界観や人間観にふさわしい人しか集まってこないのだ。まさに、人間関係というのは自分自身の鏡だといっていい。

健全なネットワークをつくりたかったら、まずは自分の世界観、人間観をそれにふさわしいものにするのが先だ。そのうえで、自分はこういう世界観、人間観をもっているのだということを、言葉にして広く伝えていくのである。

COLUMN

ロッテ

商品開発部
第一企画室ガム担当　主査
関 哲哉◆37歳

ロッテのボトル入りガムは、キシリトールの粒ガムが八〇〇円。常識的にはガムの値段ではないがよく売れている。「キシリトール」ブランドのガムが初年度の四倍と売り上げを伸ばしたのは、ボトル入りが二〇〇二年五月の発売以来その比率を高めたことが大きい。ここまで成功したのは、関の性格をはじめプレゼンテーション能力、そして社内外とのネットワーク構築力などが遺憾なく発揮されたからだ。

関は研究所時代から腰が軽いことで有名だった。浦和（さいたま市）の中央研究所にこもって研究に没頭する傍ら、全国の歯科大学を訪ねて共同研究を持ち掛けたり、逆に高名な教授から「こんなガムはできないですかねえ」と研究用のガムづくりを依頼されたというエピソードをいくつも持っている。

そのなかで彼が学んだことは、「わからないことはその道のスペシャリストに聞くのが一番早い」ということ。「ネットワークは大事にさせていただいています」と関は言う。ではネットワークづくりのコツとは？「レスポンスの早さです。何か聞かれたときに、もちろんすぐに一〇〇％の答えが用意できるわけではないですよ。しかし五割とか七割の姿であっても現時点で出せるものを返せば、それで十分と言われることもありますから。そうやってレスポンスを早くすれば、自分が何か聞いたときに早く答えていただけるということを実感しました」

ボトル入りガムの開発でも、このネットワーク構築力が役立ったことは言うまでもない。

（「プレジデント」２００６年1月2日号掲載記事より要約。肩書や内容はいずれも雑誌掲載時のもの）

入社試験の場で「チューインガムの世界的な研究者になりたい」と抱負を述べ、ロッテ中央研究所の研究員に。二〇〇一年に商品開発部に異動し、現在は第一企画室ガム担当主査。

COLUMN

伊藤忠商事

ビジネスソリューション部部長

野田俊介◆44歳

伊藤忠商事のeビジネスが収穫の季節を迎えている。二〇〇四年のエキサイト上場を皮切りに、カブドットコム証券、〇六年一〇月にマザーズ上場承認を受けたマガシークと、インキュベーションを手がけてきた企業が続々と〝孵化〟しているのだ。

なぜ、伊藤忠商事は多くのネットベンチャーを成功に導くことができたのか。それを語るうえで欠かせないのが、二〇〇〇年に設立し三年間運営された「ネットの森」という社内横断組織だ。従来の商社のルールで決済を行っていると、ネットの世界のスピードには追いつけない。そこで即決できる予算を持ち、インキュベーションを推進する役割を担ったのがネットの森であった。この組織の運営部隊であるネットベンチャー開発室長として采配を振るったのが野田である。

一九八七年に入社した野田は二年後に自ら希望して伊藤忠テクノサイエンス（現伊藤忠テクノソリューションズ）に出向し、システムインテグレーション（SI）営業に没頭した。

「誰もやったことがない組み合わせのシステム提案がうまくいかなかったことがあり、毎週土日にSEと一緒に客先へ通いました。けれど、逃げずに誠意を示せば、結果的にはトラブルを起こしたお客さんほど深い付き合いができ、ノウハウも蓄積すると思います。優秀なエンジニアほど新しいことをやりたがるから、面白い案件を持って行くほど一緒にやってくれるし、責任を持ってトラブルシューティングしてくれます」

「この時代が私の原点」と野田は語っている。

（「プレジデント」2006年12月18日号掲載記事より要約。肩書や内容はいずれも雑誌掲載時のもの）

兵庫県宝塚市生まれ。東京大学工学部卒業後、伊藤忠商事入社。伊藤忠テクノサイエンス出向。伊藤忠インターネットを立ち上げ、責任者に。ネットベンチャー開発室長を経て現職。

4章

9つの習慣 その④
仕事に意味付け

まず、自分の顧客を明確にする

仕事と趣味ではどこが違うのか。それは、価値を創造し提供しているかどうかという点だ。楽しくて思わずのめりこんでしまったが、結局、自分のやっていることは何も生み出していないというのでは、やがてやる気も萎えてしまう。

まず、自分の顧客を明確にする

仕事を楽しんでやるには、自分の動機をうまく活かすという話はすでにした。ただ、動機を活かして楽しむだけなら、それは趣味と変わらない。逆にいえば、どんな趣味にはまっているかをみれば、その人の動機はだいたいみえる。対戦型のゲームが好きな人は闘争心が強い、自己記録更新が生きがいという市民ランナーは達成動機の反映という具合だ。

では、仕事と趣味ではどこが違うのか。それは、価値を創造し提供しているかどうかという点だ。

単なる趣味なら、そんなことを考える必要はないし、価値の創造や提供などしなくても十分楽しめる。ところが、仕事の場合はそうではない。楽しくて思わずのめりこんでしまったが、結局、自分のやっていることは何も生み出していないというのでは、やがてやる気も萎《な》えてしまう。

つまり、仕事というのは意味が重要なのであって、いくら動機に基づいていたとしても、意味がはっきりしなければ、継続的にやりがいを感じることはできないのだ。

仕事の意味など自明ではないかと思う人もいるかもしれないが、決してそうではない。現代のように仕事の分業化や専門家が進んだ社会だと、目の前の仕事が世の中のいったいどこでどんな役に立っているのかを理解するのは、そう簡単なことではない。とくにホワイトカラーの仕事は、それがみえにくいといえる。

また、以前は意味があると思ってやっていたのに、時代が変わってしまって、もはや意味を感じられなくなったという場合もあるだろう。

自分の仕事の意味を知るには、まず、自分の顧客は誰なのかを明確にし、次に、その顧客にどんな価値を提供しているのかを確認するといい。

たとえば、人事の仕事は「顧客」が非常にみえにくい。そこで、こういうふうに考えてみる。経営幹部育成のプログラムをつくることを社長から命じられたとしよう。この場合、顧客は社長であるから、社長が望んでいる経営人材の育成に寄与するためには何ができるかということを考えて仕事に取り組むのである。

しかし、プログラムが完成し、研修を行う段になったら、顧客は研修参加者となる。そこで今度は、どうすれば彼らが経営幹部に必要な思考や行動を理解し、必要な能力を獲得できるかを考えるのだ。

こういうことはあまり会社では教えてくれないので、仕事をするにあたって自分で意識し定義する習慣をつけるといいだろう。

自分が提供できる「価値」を絞り込む

顧客を明確にしたら、次はその顧客に提供する価値を定義するのだが、そこでひと工夫が必要だ。

顧客に提供できる価値というのはひとつではなく、いくつもある。

しかし、これもできます、あれもできますと、それらを片っ端から提供していくのは決して得策ではない。もちろん、仕事上必要なものは最低限、五点満点の三点レベルを確保して提供すべきだ。しかし、それより重要なのは、自分らしさが際立つような五点の価値を、戦略的に絞り込んで提供することなのである。

経営コンサルタントを例にあげると、有能といわれる人ほど早い段階で、この顧客が価値を感じやすいのはどの部分か、一方自分たちが価値創造できるのはどの分野かを見抜き、まずは、そこに自分の資源を集中するというやり方をとる。そうやって顧客から「このコンサルタントは間違いなく、自分のほしい価値を提供してくれる」という信頼を最初に得てしまえば、あとは結果が出るまで多少時間がかかっても、じっくり仕事ができることをわかっているからだ。

ならば、相手に直接、「いちばん価値を感じるものを提供するからそれを教えてくれ」と尋ねたほうが早いと思うかもしれないが、プロフェッショナルだという自覚が自分にあるなら、そんなことをしてはいけない。熱が出て病院に行ったら医者から、「風邪用でもインフルエンザ用でもお望みの注射を打ちますよ」といわれたらどんな気持ちになるか考えてみるといい。この医者は信用できないと誰もが思うだろう。ところが、「この発熱は風邪でもインフルエンザでもなく食中毒です」と薬を処方されたら、病院に来てよかったとほっとするはずだ。

顧客自身も気づいていない欲望や欲求を先回りして発見し「あなたのほしいものはこれですね」と価値を提供できるのが、本当のプロフェッショナルなのである。

フィードバックを自らとりにいこう

自分が仕事で提供した価値を、顧客が本当に価値と感じているのか――これは、どうやって検証すればいいのだろうか。

顧客のところに自らフィードバックをとりにいかなければ、正確なところはわからない。直接顧客に聞くことができればいちばんいいが、それが難しいのならば、顧客に近い人や、顧客接点で働いている人などを通じて確かめることができるはずだ。

営業の仕事をしている人も、数字だけみてそれをそのまま自分の価値提供の結果だと考えず、やはり顧客のところに積極的にフィードバックをとりにいくべきだ。なぜなら、営業数字がその人の提供している価値とリンクしているとは必ずしもいえないからである。

扱っている商品や販売エリアなどの条件がすべて同一なら、数字の差はそのまま提供価値の違いを表しているといえなくもないが、実際は条件も違うし、訪問先が留守かどうかなど、営業というのは運によってもずいぶん結果が左右される。数字だけで判断するのは危険なのだ。

フィードバックをとりにいき、そこで自分なりに感じた手ごたえのほうが、数字よりもよほど信頼できるといえる。

自己有能感と自己効力感

自分のアウトプットの価値を検証する際、ぜひ注意してほしいのは、「成果の再現性」だ。ある営業マンが他の人の三倍を売り上げたとしても、それだけでは価値は測れない。たまたま運がよかっただけかもしれないからだ。

「価値が高い」とは、同じ状況ならまた同じだけの成果を出せる再現性があるということである。

再現性があるとわかれば、自分にはこれだけの成果を生み出す能力があるという「自己有能感」につながる。また、自分が自律的に考えてやった結果これができたのだと感じることができれば「自己効力感」が醸成されたということだ。

フィードバックをとりにいくのは、この自己有能感や自己効力感を確認するためでもある。なぜこの二つが大事か。それが自信につながるからだ。

新しい分野や職種に就くことになったときには、この自信がものをいう。たとえスキルや経験がなくても、自分には能力があって、実際にこれだけのことをやってきたのだと思うことができれば、その自信がドライブとなって、「自分ならできる」という前向きの気持ちで臨むことができる。そこで結果を出すと、さらに大きな自己有能感や自己効力感が生まれるという、ポジティブなサイクルが回り始めるのだ。

クレディセゾンで「《セゾン》プラチナ・アメリカン・エキスプレス・カード」の開発を担当した梅田修平さんは、まさにこのタイプ（五八ページ）。二六歳で支店から本社勤務に異動になり、当初は職場環境の急激な変化になかなか力が出せなかったが、そこでくじけず、すぐに順応し活躍することができたのは、営業時代に自己有能感や自己効力感を自分のものにしていたからにほかならない。梅田さんのように、キャリアの早い段階で、どんな小さなことでもいいから、自己有能感や自己効力感を味わっておくことが、健全で前向きなキャリア形成にはとくに重要なのだ。

ただし、根拠もないのに自分は仕事ができると思い込んでいるだけの有能感もどきでは、好ましいキャリアづくりにつながらないどころか、むしろ逆効果だ。『他人を見下す若者たち』（講談社）の著者である名古屋大学の速水敏彦氏によると、最近はこの「仮想的有能感」をもつ若者が増えているらしい。

実質の伴わない有能感では当然、価値創造に結びつかないから、周囲の評価も得ることができない。そうすると、「自分は能力があるのになぜか認めてもらえない」という被害者意識が強くなり、それが理由で転職を繰り返すという悪いサイクルに入ってしまうのだ。

そういう若者の中には、いまの仕事をちゃんとこなしているから、自分の有能感は決して仮想ではないという人もいるだろう。しかし、それは単に狭い分野で通用するスキルが身についただけかもしれない。価値を創造しそれを顧客に提供できて初めて生まれるのが真の自己有能感や自己効力感だということを忘れてはならない。

COLUMN

クレディセゾン

カード本部AMEXカード部
営業推進課長
梅田修平◆32歳

二〇〇五年九月から会員募集をスタートさせた新ブランドカード「《セゾン》プラチナ・アメリカン・エキスプレス・カード」。年会費は税込み二万一〇〇〇円。同社の発行するカードの中では異例の金額だが、募集開始以来、当初の予想を大きく上回る申し込みがあるという。この開発を担当したのが梅田である。

「世の中にゴールドカードやプラチナカードなど、グレードは高いけれど、年会費も高いというプレミアムカードが数多く発行されています。では、その中に本当にお客様に満足を提供できるカードがあるのか、実はずっと疑問に思っていたんです」

三二歳の梅田がずっと順風満帆だったわけではない。入社後に配属された支店時代には同期入社社員の仕事ぶりに気圧されて、激しく落ち込むことも。だが、三年目から支店でリーダーを任され、会員獲得キャンペーンの企画立案やスタッフを率いての勧誘活動といった現場経験を通じて、自信を取り戻していった。

二六歳のとき、自信満々でカード商品部に異動。ところが「仕事内容が営業現場と大きく違った。自分は何もできない人間なんだ」と自信をなくした。その頃、AMEXカードの担当となり、社外の人間との付き合いが増える。多くの刺激を受け、議論を重ね、新商品の企画が生まれた。意気消沈の時期は長く続くことはなかった。仕事のやり方さえ身につければ順応は早い。

そして、梅田は「顧客第一」を徹底的に学んできた経験を生かして、飽和状態のクレジットカード業界に大きな刺激を与える、顧客が本当に満足できるカードを生み出したのである。

（「プレジデント」2006年12月18日号掲載記事より要約。肩書や内容はいずれも雑誌掲載時のもの）

神奈川県生まれ。桐蔭学園高等学校、早稲田大学理工学部卒。「課題を達成するのが好き」、二カ月で九キロ減量したことも。

5章

9つの習慣 その⑤
個人ブランディング

提供価値の約束

「私はこういう価値を提供している」ということを自覚し、
それを踏まえた行動をとり続けることで
周囲に証明し、認めてもらうというのが個人ブランディングなのだ。

ブランディングとは提供価値の約束

ブランディングとは一般的に「提供価値の約束」と定義される。
安全と安心をスローガンにしている会社があるとしよう。ちなみに安全は機能的価値で、安心は心理的価値だ。この会社が「わが社の商品は絶対安全です」「どなたも安心してお使いいただけます」ということを世間に対しアピールし、努力してそれを継続的に実現していくと、そのうち「あの会社の商品なら安全だから安心できる」というイメージが、顧客の中にも定着していく。ブランドとは、こうやって出来上がっていくものなのである。単なる知名度とは違うのだ。

いまのは企業の話だが、これはそっくりそのまま個にもあてはまる。「私はこういう価値を提供している」ということを自覚し、それを踏まえた行動をとり続けることで周囲に証明し、認めてもらうというのが個人ブランディングなのだ。

日本テレビでドラマのプロデューサーを務める大平太さんは、得意技を聞かれて「遅刻や欠席をしないようにしていることかな」と答えている（六七ページ）。「フランス人上司から、お前の取り柄はオープンマインドだけだといわれましたが、そのとおりです」というのは、日産自動車の打越晋さん（六八ページ）。二人とも、ちゃんと自分の提供価値をわかったうえで仕事に取り組んでいる。

組織の中で、「自分が周りからどう思われているか気にならない」という人はいないだろうが、「こういう人と思われたい」と具体的に思い描き、意識してそのように振る舞っている人となると、あまり多いとはいえない。だからこそ、個人ブランディングが差別化につながるのだ。

五点満点の価値提供ができる部分をつくれ

それでは、個人ブランディングのやり方をもう少し詳しくみていこう。

まず、職種によってあらかじめ期待されている基本的な価値は、どれも五点満点中最低でも三点を提供できるようにしておくこと。自分には社交性動機がないからといって、お客さんの集まるパーティーに参加しても、ひと言もしゃべらずに帰ってくるようでは、個人ブランディングどころの話ではない。動機がないものに関しては、意志と努力でなんとか三点レベルをクリアするというのが、個人ブランディングにおいて最初にやることだ。

しかし、どこを切っても三点の価値が提供できるというだけでは、ブランドにはならない。多くの人はここを間違えている。企業の場合も、なんでもそこそこだがどこといって特徴がないというものは、このオール3タイプと相場が決まっている。提供価値において特徴ある部分で差別化を図ることができず、経営資源が分散してしまうから、結局どの部分でもトップになれない。顧客には認知をされているものの、利益があまり出ない事業の典型がこれだ。

企業も個人も、ブランディングには五点の価値を提供できる部分が不可欠なのである。それを何にするか、個人ブランディングの場合はやはり、自分の動機に聞いてみるのがいいだろう。

切迫動機の強い人は「仕事が早い」。自己管理動機が強く、細部まできちんと仕上げないと気がすまないなら、それを逆手にとって「あの人の仕事は手抜きがない」というブランドイメージを打ち立てることができる。

「思いもかけず声がかかる」ための投資

できればブランドは一つではなく、二つか三つあったほうがいい。そして、それらを自分で意識してやり続けるのだ。

同時に、自分にはこういう特徴があるということを、口に出して積極的に周囲にアピールする。とくに、影響力の強いキーパーソンには、ことあるごとに言葉と態度でそれを示しておく。いわゆる個人ブランディングの布石行動だ。

そうすると「彼はこういうことが得意な人間なのだ」というイメージが、キーパーソンを通じて広がっていく。そうすると、会社で新しいプロジェクトが立ちあがったときに、思いもかけず声がかかるなどということが起こるのだ。

米スタンフォード大学のジョン・クランボルツ教授が「ハップンスタンス・アプローチ」というキャリア理論を提唱している。アメリカのビジネスパーソン数百人のキャリアを調査したところ、なんとキャリアの八割は、予期しない偶然の出来事によってつくられているということが判明した。この調査結果から、最初に目標を定め、そこから逆算して一歩一歩積み上げていくという決定論的なキャリア形成には根拠がなく、むしろ人生に起こるたくさんの予期せぬ出来事を上手に利用しながら、自分にとって好ましいものに変えていくことこそが、正しいキャリアづくりの考え方だという結論を、彼は導き出したのである。

彼がこの理論を専門誌に発表したのは一九九九年。以来、キャリアの専門家の間では一気に広がり、いまや主流となっている。

要するに、未来には何が起こるか誰にもわからないし、チャンスは逆算できないのだ。しかし、キャリア形成に役立つ人や仕事との出会いといった、チャンスが巡ってくる確率を高めることはできる。それがネットワークへの投資であり、個人ブランディングなのである。

サラリーマンとプロフェッショナルの違い

楽しそうに働きながら誰よりも成果をあげ、自分らしいキャリアを築いている人は、紛れもなくプロフェッショナルだ。だが、現実には、プロフェッショナルよりサラリーマンという呼び名が似合う人のほうが、日本のビジネス界には圧倒的に多い。あなたの周りを見渡しても、きっとそうだろう。

プロフェッショナルとサラリーマンの違いはなにかといえば、それは仕事を通じて価値を生み出し、それを顧客や社会に提供することを常に意識しているかどうかの差だ。自分の仕事が誰にとってどんな意味をもつのかなどということには思いを馳せたこともなければ、自分がどんな価値を提供できているかにも無頓着。ただ、上司から言われたことを無難にこなしているだけ。そういう人を指してサラリーマンと呼ぶのである。

では、スペシャリストというのはどうだろう。自分の専門分野に関してはコミットメントと自信があるというスペシャリストは、一見するとプロフェッショナルのような気もするが、価値提供ということに対して自覚的でなければ、やはりプロとはいいかねる。

そういう、プロフェッショナルの振りをしたスペシャリストもまた少なくない。顧客から難しい相談を受けて、「それは無理です」「法律上認められていません」と木で鼻をくくったような答え方をする税理士や弁護士――彼らは高い専門性はもっていても、その顧客に対し何の価値も提供していないのだから、プロとはいえないはずだ。

プロなら、たとえすぐに解決できなくても、単に否定するだけでなくどうしたらそこで自分の価値を示せるかを必死になって考えるはずだ。あるいは、顧客の気づいていない課題を指摘し、門外漢には思いもよらぬ視点からアドバイスをしてくれるだろう。

自分はスペシャリストだから、スキルを磨き専門性を高めていけばキャリアが開けると思ったら大間違い。重要なのはあくまで価値提供の意識。それがなければ好ましいキャリアはつくれない。偏狭なスペシャリストで終わるのが関の山だ。

COLUMN

日本テレビ
編成局制作センター
ドラマ制作部プロデューサー

大平 太◆40歳

日本テレビ系の土曜九時枠で放映されたドラマ「女王の教室」（天海祐希主演）は、二〇〇五年夏最大の話題作となった。タテマエとしての「人権尊重」や「平等主義」が幅を利かせるあまり、機能不全に陥った昨今の学校教育への強烈なアンチテーゼ。視聴者の間では放送開始直後から議論が沸騰し、最終回の関東地区での平均視聴率は二五・三％（ビデオリサーチ調べ）。「『一石を投じたことに対して、波紋が広がってほしい』という思いはもちろんありました」と、同番組のプロデューサー、大平太氏は言う。「ただ、これほどまでの熱い反響は正直予測していませんでした」。

テレビドラマのプロデューサーとは「仕掛け屋であり管理者でもある、という立場です」と大平氏は言う。企画を立て、予算を確保・管理し、最適のキャストやスタッフを集めるというのが主な仕事の内容となる。

大平氏の能力の源は、どこにあるのだろう。

「僕には得意技って本当にないんですよ。強いて言えば、遅刻や欠席をしないようにしていることかな」

今では局内でも少数派となった、社内ＡＤ（アシスタント・ディレクター）から叩き上げのドラマ制作者である大平氏は、たとえば遅刻一回でそれまでの信頼が台無しになる現場の流儀を叩き込まれている。

「実際はそう真面目でもなく、むしろアウトローっぽい人にあこがれるんですが、仕事はきちんとやらないと という強迫観念みたいなものがどうしてもあって。今まで一五年間ドラマの仕事を続けてこられたのは、あいつに任せればとりあえず最後までやってくれそうだと、人に思われているせいなのかもしれません」。

異色作を世に問う鬼才の秘密は、意外にも「真面目さ」という王道にあった。

（「プレジデント」２００６年１月２日号掲載記事より要約。肩書や内容はいずれも雑誌掲載時のもの）

COLUMN

日産自動車

プログラム・ダイレクターオフィス
主担

打越 晋◆39歳

二〇〇四年秋、日産が一・五リッター級コンパクトカー分野で満を持して投入した新型車「ティーダ」。そのプログラム・ダイレクターオフィスのマネジャーが打越晋だ。企画面で商品競争力の強化に専念するチーフ・プロダクト・スペシャリスト（CPS）、技術面で車両開発の設計を進めるチーフ・ビークル・エンジニア（CVE）など、機能別の各責任者の言い分を調整し、収益の最大化を目指した予算管理を行うのがプログラム・ダイレクター（PD）だ。車の原価決めをはじめ、あらゆる予算配分の権限を持つ。

各責任者のコンフリクト（衝突）を上向きに作用させる。それを可能にした大きな要因として、打越ならではの説得術があったのは間違いない。その特徴はメールなどの利便性に頼らず、「フェース・トゥ・フェースのコミュニケーション」を常に心がけたことだ。取り立てての話でなくとも、CPSやCVEのところへ出向いて顔を合わせる。その積み重ねから信頼関係が育ち、「腹を割って話せるようになった」という。こうしたコミュニケーションの重要性を、打越は異動で「畑違いのプログラム・エコノミスト」になったときに学んだと、こう振り返る。

「当時の私は製品開発に関してはズブの素人で、この仕事で自分が存在意義を出せるとすれば何だろうと思い悩みました。素人なら、わからないことはわからないとして素直に聞き、そのうえで自分の思うことをきちんと相手にぶつけていこう。すると相手も思わぬ発見があったりした。素人感覚を忘れず、人の話をよく聞くことを大切にする。当時のフランス人上司から、おまえの取り柄はオープンマインドであるところだけだといわれましたが、そのとおりです」

（「プレジデント」2006年1月2日号掲載記事より要約。肩書や内容はいずれも雑誌掲載時のもの）

6章

9つの習慣 その⑥ 相手の価値観を理解する

情熱では伝わらない

仕事というのは通常、ひとりでは完結しないので、当然、社内外の人たちを説得する場面が幾度となく出てくる。そのとき功を奏するのが、相手の価値観を理解する能力だ。いいキャリアをつくっている人には、この能力に優れている人が少なくない。

情熱では伝わらない

仕事というのは通常、ひとりでは完結しないので、当然、社内外の人たちを説得する場面が幾度となく出てくる。

そのとき功を奏するのが、相手の価値観を理解する能力だ。いいキャリアをつくっている人には、この能力に優れている人が少なくない。

カー・オブ・ザ・イヤーを受賞したマツダの三代目デミオ、そのチーフデザイナーを務めた前田育男さんは、すでに数億円の開発費が投入されていたにもかかわらず、どうしても車体デザインが納得できないとプロジェクトの途中で進路変更を決意。その瞬間はチームには激震が走ったが、最終的にはチームは一枚岩になった。それまでは、このデザインでいいのかという迷いがチーム内に燻《くすぶ》っていたのが、彼の大英断でみんな吹っ切れたのだ。

さすがにプレゼンテーションの達人である（八一ページ）。

「常に相手の利益を考えて仕事をするように心掛けています。自己の利益だけを追求すると、継続性に欠けるからです。逆に相手が利益になると思ってくれると、ものすごい力になる」と話すのは、ジュニア世代の女児をターゲットにしたブランド「ちゃおスタイル」を立ち上げたバンダイの富樫憲さん。かつて、コラボレーションした企業と権利の綱引きをした挙句、直営店の撤退という事態を引き起こしてしまった苦い経験から学んだのだそうだ（八二ページ）。

一方、私の教える大学の学生には「自分がやろうとしていることには、こんなにすごい意義があるのです」と、自分の思いや問題意識などを、じつに熱っぽく語る人が多い。ところが、その思いがこちらにそのまま伝わってくるかといったら、残念ながらそうではないのだ。それが相手にとってどのように受け止められるか、どんな影響を与えるかに無頓着では、思いは伝わらない。

情熱さえあればわかってもらえるというのは幻想に過ぎない。人を説得するのに必要なのは、誰にも負けない熱意ではなく、自分がこの人ならどう思うかという、相手の立場に立ったシミュレーションなのである。

「伝わる、納得される」プレゼンテーションの極意

人に自分の考えを伝え、なおかつ納得してもらうにはどうしたらいいかを、プレゼンテーションを例に説明していこう。

プレゼンテーションを成功させるには、いくつかポイントがある。

まず、プレゼンテーターがやるべきこと。それは、このプレゼンテーションを行う相手を特定することだ。参加者の人数が多く、またいろいろな立場の人が出席している場合、このプレゼンテーションで理解と意思決定を促したい人は誰かを見極め、その人をキーオーディエンスとする。ただし、キーオーディエンスは他のプレゼンテーション参加者からも影響を受けるので、キーオーディエンス以外はなおざりにしていいということではない。

相手が特定できたら、次にやることは、その相手の価値観や判断基準の理解。これは、マインドシェアの推測といってもいい。マインドシェアとは、その人の心を、どんな問題がどれくらいの割合で占めているかということで、このマインドシェアに応じたプレゼン

テーションを行うのである。相手の関心の高い部分に訴えるストーリーなら、こちらの意図も伝わりやすく、説得力も増す。一方で、もともと相手が興味をもたない分野で話を展開すれば、それがどんなに正しい主張でも、相手にとって価値のないプレゼンテーションになってしまう。

しかし、相手の価値観や判断基準がわかっただけではまだ不十分だ。同じ内容でもプレゼンテーターの説明の仕方によって、相手の理解度には差が出てくる。どうすればこちらの意図がより相手に伝わるかをよく知っているのが、上手なプレゼンテーターなのである。

伝え方の基本は、相手の考える順で話すということ。たとえば、資料としてグラフをみせたとしよう。話し手の頭の中には、このグラフでこういうメッセージを伝えたいということがすでに明白なので、たいていはすぐに結論を言ってしまう。

ところが、そんなことをされても聞き手はとまどうだけで、メッセージは届きはしない。そのグラフを何度も見ている話し手と違い、聞き手のほうは今日初めてそれを目にしたのである。だとすれば、聞き手が最初に知りたいのは、縦軸と横軸が何を表しているかではないのか。

そうすると、話の順序としては最初にグラフの見方、次にそのグラフが示している状況、そして最後に分析と結論とならなければいけないということになる。これなら聞き手の頭にも、メッセージが無理なく入っていくはずだ。

接続詞も重要な意味をもつ。話し手は初めから全体像がみえているが、それがないまま頭から順番に話を聞いている聞き手は、ちょっと集中力が途切れると、いま説明されている部分の位置関係がわからなくなってしまう。これを防ぐには、話の文脈が変わる際、「～以上が会社側からみた問題点です。続いて、それらが顧客に与える影響について話します」といった、前後のつながりがわかるような接続詞の役目をするフレーズを意識して挟むといい。あるいは、チャートを見せるときも、「～こういうことがわかりました。次は別の角度から考えてみます。このチャートをご覧ください」とひと言加えると、聞き手の注意をチャートに集めることが容易にできるのだ。

プレゼンテーションでは聞き手の手元に配る資料の役割も無視できない。「自分の話に集中してくれなくなる」といって、資料を配らない人もたまにいるが、それはやはり不親切だろう。資料があればプレゼンテーションの内容を保存できるという安心感が生まれるし、余白はノート代わりにもなる。

プレゼンテーションをする立場としても、聞き手が一斉に資料に線を引いたら、自分が強調したいところが確かに伝わったと確信できるし、キーオーディエンスが、いま説明しているところより先のページをめくっているのをみて、この部分はすでに理解されているようだから、簡単に済ませて次に進もうというようなペース配分もできる。

これらはプレゼンテーションのスキルといってもいいだろう。要するに、聞き手の頭の中をシミュレーションして、相手の考える順番で話を進めながら、自然な形でこちらのメッセージを理解してもらうというのがプレゼンテーションの極意なのである。

ダイバーシティ（多様性）時代ゆえのむずかしさ

ビジネスのグローバル化が進むにつれ、ダイバーシティは今後、どの企業においても大きなテーマになっていくことだろう。

ダイバーシティというと、人種や性別などの外形的な多様性による違いと思われがちだが、その本質は価値観や動機という内面的な違いなのである。ダイバーシティが難しいのは、そういう違いを受け入れなければならないからなのだ。

たとえば、女性の管理職が何人もいるというと、一見ダイバーシティの進んだ会社のように思える。ところが、そこにいる女性たちがみな育児や家事に無縁で、男と同じメンタリティをもち、男のような働き方をしているのなら、結局、それまでの男社会の価値観しか認めていないのと同じ。だから、いくら女性を登用していても、この会社にダイバーシティは皆無なのである。

これまで日本の会社は組織の論理という一律の価値観に社員が染まることが前提だったから、異なる価値観をもつ人を理解したり説得したりする必要性は、あまり重要視されてこなかった。せいぜい「自分が人にされて嫌なことは、人にもするな」というルールさえ守っていれば、それですんだ。

ところが、ダイバーシティが進んだ社会では、それだけではうまくいかない。「自分が人にされて平気なことでも、それがたまらなく不快だと感じる人もいる」ということがわかっていない人、さらにその違いを受け入れられない人は、キャリアもうまくつくっていけないのである。

自分の価値観を押しつけない

自分の話をすると、私は、小学生のころから夏休みの宿題は、それこそ夏休みが始まる前に全部終わらせておかないと気がすまなかったぐらい、強い切迫動機の持ち主だ。だから、受け取ったメールにはすぐに返事を出すが、逆に、いつまでも返事がこないとイライラする。

そんな話を、あるとき心理学の専門家にしたら、こう言われてふと考え込んでしまった。

「高橋さんはたしかに切迫動機が強いんですね。だから、じらされると腹が立つのはよくわかります。じゃあ、切迫動機がまったくない人は、何が不愉快だと思いますか、それは、急かされることなんですよ」

締め切り間際にならないと仕事に手をつけなかったり、ものごとをなかなか決めないという人は、ただ単に怠惰なのではなく、できるだけ準備をして万全の状態で事に臨んだほうがうまくいくと思っているから、そうしているとも考えられる。切迫動機がないのは、決して悪いことではない。

要するに、動機によって何を不愉快に感じるかが違うだけなのであって、それまで私はそのことがイメージできていなかったのだ。

他者を理解するためには

いくぶん逆説的に聞こえるかもしれないが、価値観の違う他者を理解するためには、自分を知らなければならない。とくに、自分の動機のうち、極端に強いものと弱いものを認識しておくことは絶対に必要だ。極端に強い動機に基づく行動は、そうするのが当然だと無意識に考え、他者にも同じことを求めがちだし、逆に、動機が弱いものは、そんなことをしても意味がないと思ってなかなかやらないので、その動機をもった人を不快にしてしまう。だから、まずは自分が自分のそういう動機を知ったうえで、幽体離脱をして自分の行動をチェックしながらアジャストする努力をすることが、他者理解の第一歩なのである。

自分の動機を知るには、日常生活を検証してみるのがいいだろう。既婚者なら、夫婦喧嘩の分析が意外に効果がある。

会社というのは目的合理的に動くことが求められ、上下関係などもあるので、自分の動機を意識して抑えざるを得ない場面が多々ある。ところが、家庭には目標管理もなければ、基本的に序列もない。つまり、動機を抑える理由がないのである。だから、ありのままの人間がいちばんよく出るし、それゆえに夫婦喧嘩も起きるのだ。

夫婦喧嘩というのは、どちらかが自分の強い動機で、無意識的に相手を支配しようとしたとき、その動機のないほうが不愉快になり、反発して起こるケースが多い。ということは、これまで繰り返し行われてきた夫婦喧嘩の原因というのは、ほぼパターン化できるということだ。そして、いつも自分が何を不快に感じて喧嘩がはじまるのかを探れは、そこにある自分の強い動機がみえてくるはずなのである。

アセスメントツールを用いて自分の動機を知ることもできる。二六ページで紹介したキャリパーもそのひとつだし、そのほかにもＭＢＴＩ、エニアグラム、エゴグラム、ハーマンモデルなどいろいろあるので、興味のある人は受けてみるといいだろう。

研修で多面評価を受けるのも動機の発見につながる。多面評価の最大のメリットは、自己イメージと他者イメージの違いに気づくことができるということだ。イメージの違いに気付くことがなぜメリットになるのか。たとえば、自分はすごく努力してやっているつもりのことが、周囲から評価されていないとしよう。多面評価を受けることで、それは自分の強い動機に基づいた能力ではないから、努力しているにもかかわらず三点レベルに届いていないのだとわかる。多面評価が修正行動をとるきっかけになる。カウンセリングも他者評価を得られるという点で、多面評価同様に効果がある。

COLUMN

マツダ
デザイン本部デザイン戦略スタジオ
チーフデザイナー
前田育男◆48歳

二〇〇七年七月に発売された新型デミオ。前田はそのデザインをディレクションする役割を担ってきた。外観デザイン部門では模索が続いた。大量のスケッチの中から五案を選び、日本と欧州それぞれの地域でトップになったモデルの中間を取ったデザインで、実物大模型をつくったが、前田は納得できなかった。

「嫌われない車にはなっている。だけど、好かれる車にはなっていない」

ここまで期間にして一年余り、金額は数億という単位で投資している。しかし前田には「コンパクトカーはデザインが良くなければ絶対に売れない」という確信があった。そこで「デザインを一からやり直す」という賭けともいえる決断を下す。

その後の前田のディレクションは明快だった。「さっと一筆で書いても、それがデミオだとわかるような」「マツダのブランドアイコンになる車を」。

その指示で、デザイナー陣に気合が入った。インテリアデザイングループの中川真一は次のように語る。

「それまではチーム全体に迷いがあった。異なる二案の折衷という課題への答えを出せず、デザイナーもモデラーも、もがいていたんです。それが前田さんの決断によって吹っ切れた。そこからはチーム全員が一枚岩になって動き出しました」

製品完成後、世界各国で販社やジャーナリスト向けにプレゼンテーションを行うのも、前田の役割となる。

「聞いているほうが退屈しないように、ツカミも入れる。英語のプレゼンで笑いが取れる日本人は珍しいと、褒めてもらったこともあります。各地を転々としながら一日何度もプレゼンをして、場を沸かすわけですから、興行師みたいなもんですよ」と前田は笑う。

（「プレジデント」2007年12月31日号掲載記事から要約。肩書や内容はいずれも雑誌掲載時のもの）

COLUMN

バンダイ

ガールズトイ事業部　事業推進チーム
ブランドビジネス担当リーダー

富樫 憲◆33歳

バンダイが二〇〇七年七月にオープンさせたフラッグシップ店「ちゃおスタイルショップ原宿本店」。扱うのは、小学館の人気コミック誌「ちゃお」と共同企画した文具や雑貨、アパレルなど。流通ノウハウがないメーカーが直営店を持つのはリスキーだったが、予想を二〇％上回る売り上げを記録。三カ月目には来客数が三万人を突破。直営店を成功に導いたのが富樫だ。

直営店の運営は、富樫にとって二回目の挑戦だ。二九歳のとき、世界初の子供用化粧品専門店のプロジェクトをリーダーとして任された。ジュニア世代に人気のアパレルブランドとコラボレーションし、〇四年に直営店をオープン。しかし、赤字が膨らんでいった。コラボレーションした企業と権利の綱引きをしてしまったと、富樫は反省を込めて当時を振り返る。

「デザインひとつとっても、先方はブランドイメージを守るために自社の権利を主張し、こちらはものづくりのためにもっと自由度が欲しいという。お互いが権利を主張した結果、いろいろな制限が生まれて、肝心の消費者が置いてきぼりになってしまいました」

再チャレンジの原動力は何だったのか。

「ガールズトイには直営店が絶対必要だという使命感です。そう信じていたからこそ、直営店にこだわった」

コラボレーション先の企業と互いに自由度の高い契約を結び、消費者のニーズに柔軟に対応できる体制も整えた。こうした戦略を実行できたのも、手痛い失敗を経験したおかげだった。

「常に相手の利益を考えて仕事をするように心掛けています。自己の利益だけを追求すると、継続性に欠ける。逆に、相手が利益になると思ってくれると、ものすごい力になる」

（「プレジデント」2007年12月31日号掲載記事から要約。肩書や内容はいずれも雑誌掲載時のもの）

7章

9つの習慣 その⑦ ポジティブに巻き込む

仕事が楽しめないのは日本人の遺伝子のせい?

どうすれば上手に人を巻き込んでいけるのか。最大の要因は仕事に対しポジティブだということだ。前向きで楽しそうに仕事をしている人は周囲にもいい影響を与え、この人と一緒に働きたいという気持ちを起こさせる。ところが、そういう人は案外少ない。

仕事が楽しめないのは日本人の遺伝子のせい？

仕事というのは、人との共同作業が基本である。ということは、人を巻き込む力があるというのも、好ましいキャリアをつくれる人の条件に当然なり得るということだ。

では、どうすれば上手に人を巻き込んでいけるのか。最大の要因は仕事に対しポジティブだということだ。前向きで楽しそうに仕事をしている人は周囲にもいい影響を与え、この人と一緒に働きたいという気持ちを起こさせる。

ところが、そういう人は案外少ない。どうも日本人は、ポジティブ・シンキングが苦手な民族のようなのだ。

「あなたは自分の会社をいい会社だと思いますか」「育児や子育てが楽しいですか」というアンケートをいろいろな国でとると、「思わない」「楽しくない」という否定的な答えが返ってくる割合が最も高いのが日本なのだそうだ。

仕事に対しても、楽しんでやっていると「まじめにやっていない」とみられたり、「苦労もせず人の気持ちがわかるか」といわれたりするのは、やはり日本人の大半が、ネガティブ・シンキングに支配されているからだろう。

一説によると、日本人がネガティブであまりリスクをとりたがらないのは、日本人が他の人種に比べて「新規探索志向」の遺伝子をもっている人が少なく、逆に「損害回避志向」の遺伝子をもっている人が多いからだという。仕事が楽しめないのは、うまくいったときのことよりも、最悪の事態を常に想定してしまうからなのだろうか。

そして、楽しめないから、仕事は義務感や責任感ですることになる。そうすると、行きつく先はワーカホリズムの燃え尽き症候群……。

その点、この二人はいい意味で日本人らしくない。

ソフトバンクモバイルの栗坂達郎さんは、「裏表のないしつこさ」をもつ「前向き力」の人だし（九二ページ）、全日本空輸の杉野健治さんは「負のスパイラルが働く」からと「いつでもポジティブに物事をとらえられる環境」を心掛け「苦しい仕事でも楽しみに転化し、周囲の人たちを引き付けていく不思議な力を持っている」のだそうだ（九三ページ）。

日本人が、もともとネガティブ・シンキングの方向にいきがちだというのなら、彼らのように個人の力で乗り越えていけばいいのである。

少しでも役に立つこと、好きなところを探そう

これからダイバーシティがますます浸透していくと、ファシリテーター（注・会議の進行役）がポジティブ・シンキングか、ネガティブ・シンキングかで、その会議が意味のあるものになるか、徒労に終わるか分かれるようになるだろう。

ネガティブ・シンキングの人は、「その考え方は違う」「そんなのは受け入れられない」と、意見の違いばかりを問題にする傾向が強い。ところが、そもそもダイバーシティとは、いろいろな価値観をもった人がそこに参加しているということだから、違いばかり指摘していたらなかなか前に進まないし、ましてやいい協力関係など得られる由もないのである。

一方、ファシリテーターがポジティブ・シンキングの持ち主の場合は、「たしかにそこは違うけど、この部分までは同じだよね」「問題意識が共有できているのはわかった、次はどうして意見の違いが出るのかディスカッションしてみよう」というように、まずは共通点の認識度合の確認から入るので、その後の論点も絞りやすく、建設的な会議になりや

すいのだ。

また、研修や講演で時々見かける、自分の考えと違うと「そんな考え方は認めない」、同じだと「いまさら聞く必要はない」という人や、海外転勤から帰国すると、自分の気に食わなかったことを羅列して、その国が日本に比べいかにダメかといった話しかしない人なども、ネガティブ・シンキングが骨の髄まで染みついているタイプ。

少しでも役に立つこと、好きなところを探したほうが、人生が楽しめると思うのだが、彼らにはそういう発想がないのだ。

その点、先ほど名前をあげた全日本空輸の杉野健治さんのように、どこにいっても楽しんで働ける人は、これからの時代もっとも威力を発揮する勝負能力をもっているといえる。

縦型から横型のリーダーシップへ

人を巻き込んで仕事をしていくというときの「人」というのは、いままでは、同一組織内で似たような価値観をもち、目的や利益を共有する人を意味する場合が多かった。だが、これから先は必ずしもそうともいえない。職種や業種が異なるのは当たり前、経験や人生観などもまるで違うような人であってもなんとか説得し、共通の目的のために働いてもらわなければ、仕事にならなくなってくるからだ。

今後、あらゆる企業に、コラボレーション力が求められるようになるだろう。しかもそのコラボレーション力は自社内だけではなく、関連会社の場合もあれば、まったくの別会社ということも考えられる。大企業とベンチャー企業のような、働き方のスタイルや働いている人の質がまるで違うものどうしがコラボレーションを行うなどということも、普通に行われるようになるはずだ。いわゆる〝総合型〟といわれる企業の総合力は、垣根を越えたコラボレーション無くしては決して生み出せない。

そうなると、従来のような序列や上下関係があることを前提とした「縦型のリーダーシップ」だけでは通用しなくなってくる。コラボレーションのたびに、いちいち組織変更や権限変更をしなければならないというのでは、とてもじゃないが現代の変化のスピードについていけない。求められているのは、上下関係のないところで人を巻き込み、動かしていく「横型のリーダーシップ」、あるいは「ソフトリーダーシップ」であり、それができる能力をもった人なのである。

定年を間近に控えたある男性が、退職後はこれまで仕事で身につけたスキルを地域貢献のために使おうと、地元商店街の集会に出席し、そこで自分のつくった商店街活性化案を発表した。「この改革が実現すれば、商店街は必ず昔の活気を取り戻すことができるから、どうかみなさん私に協力してください」と彼は熱く語った。

ところが、彼の意気込みに反して周囲の反応は、「突然やってきてどういうつもりだ」「市議会議員にでも立候補するんじゃないの」などといたって冷ややか。当然賛同を得られるものだと思っていた彼は、商店主たちがなぜそういう態度をとるのかまったく理解できず、すっかり意欲が萎《な》えてしまったそうだ。

私はその話を聞いて、彼には横型のリーダーシップが欠けていたのだということがすぐわかった。組織の上下関係の中でずっと働いてきた彼と、それぞれが一匹狼の商店主とでは、考え方が違うのが当然だ。だとしたら、最初にやるのは、一人ひとりとじっくり話をしながら相手の価値観を理解し、信頼関係を築くことだったはずなのに、そういう経験のない彼には、そういう発想ができなかったのである。

片や、こんな人もいる。その女性は縦割り行政の官庁で、組織の壁を越えて走り回り、立場の異なる人を説得して、新しい法律をつくるという偉業を何度も実現してきている。あるとき、私は彼女を、自分が司会を務めるシンポジウムに招き、「男性でも難しいそういう働き方が、どうしてあなたにはできるのか」と質問した。

すると、それは育児を通して身についたのだという意外な答えが返ってきた。

彼女は、働きながら二人の子どもを育てている。ところが、日本はワーキングマザーが安心して子育てができるほどインフラが整っていないので、子どもが突然熱を出したり、自分に急な残業が入ったりすれば、周囲の助けを借りざるを得ない。いちばん身近にいるのは義母だが、会社勤めをしたことのない義母に子どもの世話を頼めば「子どもの世話もできないようなら仕事を辞めたら」とあからさまに嫌な顔をされるのは目に見えている。「外で働いた経験のないお義母《かあ》さんに、私の気持ちなんてわかりっこない」などと言い返せば、それこそ修羅場が始まってしまう。それで、彼女はとにかく義母の立場に立って、彼女の気持ちを推し量るところから始めたところ、時間はかかったものの、やがて「困ったときは私に任せなさい」と気持ちよくいってもらえるような人間関係をつくることができたのだそうだ。

また、子どもが小学校に入るとＰＴＡがあるが、参加者は圧倒的に専業主婦が多いので、どうしても彼女たちの都合で、行事や会合が平日に決まってしまう。日曜日にやってほしいといっても「週末は主人が家にいるから出づらい」といわれて終わり。やはり、働く女性の気持ちを理解してもらわないことには埒が明かないと、このときも相手の話を聞くことから始めて、徐々に人間関係をつくり、最終的には便宜を図ってもらえるようになったのだという。

このような、自分とは異質な人たちを説得して協力を仰ぐような経験を、子育てをしながら何度もしてきたことで、強力な横型のリーダーシップを獲得することができたというのが彼女自身の分析だ。まさしくそのとおりだろう。

前出の男性の比べると明らかなように、横型のリーダーシップを身につけるには、組織の中で内向きのことだけをやっていてはダメなのだ。

同時に、義務感、やらされ感ではなく、困難な状況もポジティブに受け止め、楽しんでそれに挑むという習慣が彼女にはあったことも見逃せない。彼女の人を巻き込む能力は、この習慣に裏打ちされているといってもいいだろう。

COLUMN

ソフトバンクモバイル
執行役員
マーケティング本部副本部長
栗坂達郎◆48歳

ソフトバンクモバイルの「ホワイトプラン」「ホワイト家族24」、このテレビCMの仕掛け人が栗坂である。栗坂は、二〇〇三年から、電通の営業部長としてソフトバンクを担当し、ヤフーBBの広告キャンペーンを成功に導いた。〇六年四月にソフトバンクがボーダフォン日本法人を買収したのを機に、栗坂は業務執行役員としてソフトバンクモバイルへ出向。

「下の者でもどんどん意見をいっていい、という社風があるので、ときに喧々囂々たる怒鳴り合いのようになることもある。（社長の孫正義に）殴られるのではないかと思ったことさえありました（笑）」

商品発表のプレゼンテーションでは、孫から「プロがいちばんベストなものを提案できなくてどうする」と発破をかけられ、五回に渡って案を見直させられたことがある。秘書から、社長の言葉として、「なんであいつはあんなにしつこいんだ」といわれることも。

提案者の主観ではなく、客観的なデータを。形容詞よりも、ロジカルな数字を。自分の意見に固執するのではなく、顧客の視点を。――社長は常にこう要求する、と栗坂。ワンマンに見られがちな孫について、「スムーズな関係を築いて、やるべきことに理解を示せば、我々の仕事をものすごく後押ししてくれる。裏表なく、常にニュートラルに接したい」という。

〇七年六月、二四年あまり勤めた電通からソフトバンクモバイルへ正式に転籍した。

「何度かオファーをいただいて、最終的には社長から『いっそ、こっちに来てくれんか』という話がありました。いまの仕事をやり遂げたかったし、中途半端な形で続けたくはなかった。必要と思っていただけるのであれば、と」

（「プレジデント」2007年12月31日号掲載記事から要約。肩書や内容はいずれも雑誌掲載時のもの）

COLUMN

全日本空輸
ムンバイ支店
総務・営業マネージャー
杉野健治◆41歳

二〇〇七年九月一日、インド・ムンバイの国際空港にボーイング737-700ER型機が着陸した。全三六席を「クラブANA」にした同社初のビジネスジェットだ。全日空は〇一年まで関空―ムンバイ間で大型機直行便を飛ばしていたものの、エコノミークラスの乗客確保が難しく、撤退。今回のビジネスジェットは、六年ぶりに果たしたリベンジでもあった。

搭乗率は就航から二カ月経った一一月末に六〇%を突破。「手応えは十分だ」と杉野は語る。テークオフするまで何度もぶち当たった壁を突破する原動力となったのが、佐藤寿一支店長の下、「一人ひとりの力を合わせないと大きな仕事はできない」との持論を持ち、一〇〇名以上もの本社や現地の関係者を巻き込んでいった杉野の力だった。

ユーモアを交えた手づくりの社内レポートを作成するなど、杉野の行動を見ていくと、自らの強い意志で人を引っ張るだけではなく、苦しい仕事でも楽しみに転化し、周囲の人たちを引き付けていく不思議な力を持っていることがわかる。そんな杉野の礎となったのが、入社後すぐにカスタマーフロントの業務に就いた際に、社会人としてのイロハを叩き込んでくれた最初の上司の教え。厳しい職場だったが、「どんなときも、まず自分たちが楽しく、明るく、元気にしていないと、お客さまも楽しくない」と徹底的に教え込まれたのだ。

杉野が常に心掛けているのが、自ら現地スタッフの懐に飛び込んでいくこと。自分のデスクの上には書類をあえて置かない。「必要があればスタッフのところへ行って見せてもらう。何でも話してもらえるように、自分の部屋には閉じこもらず、自分から足を運ぶよう努めている」と杉野は話す。

（「プレジデント」2007年12月31日号掲載記事から要約。肩書や内容はいずれも雑誌掲載時のもの）

8章

9つの習慣 その⑧
経験と
気付きで学ぶ

ただ経験しただけでは多くは学べない

大事なのは、あらかじめ「こうなのではないか」という
仮説を立てるということと、必ず結果を検証することの二つである。
残念ながら日本人にも日本の組織にも、
この仮説と検証が根付いているとはいいがたい。

ただ経験しただけでは多くは学べない

「貪欲に成長している」というのも、好ましいキャリアをつくっているビジネスパーソンの、非常に大切な条件のひとつだ。

とくに、現代のように環境の変化が激しい時代だと、過去の経験はすぐに陳腐化してしまうので、常に学習し変化に対応できるよう、誰もが自分を変容し続けていく勇気をもつべきである。そうしなければ、すぐに成果が出せなくなってしまう。

すでに一定の評価を受け、しかるべき地位に就いた人でも同じこと。むしろ、そういう人こそ現在のポジションを維持するために、日々勉強して進化し続けなければならないといえる。

さもないと、動機のネガティブ面が肥大してダースベーダー化したリーダーに変貌したり、それまでのやり方が通用しなくなった途端、「実績のある人間を大事にしない組織が悪い」と被害者意識をもつようになったりする。あるいは「どうせ俺のやり方なんて、いまの若い奴らにはわからない」とぼやいてばかりいるようなすれっからしになってしまうのがオチだ。

その点、この二人は、仕事でしかるべき成果をあげた後も、学びながら成長するという姿勢がぶれることはいささかもない。

近畿日本ツーリストの福井善朗さんは、イケイケどんどんの営業から、地方自治体や地域とのつきあいが中心のスタッフ部門に異動になって、正直意気消沈したという（一〇七ページ）。しかし、彼はそこで、地域ごとの旅館情報を載せた収益効率があまりよくないパンフレットが、後になって仕事をしやすくしてくれたという経験をし、目先の利益追求だけではなく、一見無駄だと思えるような細かい仕事でも将来の利益につながることを知る。目の前の目標達成のために合理的に動くことだけが仕事ではないことに、地味な仕事を通じて気づくことができたのは、彼が学習や成長に貪欲だからにほかならない。

「耳の痛い話に耳を傾けること」をポリシーにしているという、松下電器産業で「地球を愛する市民活動」に取り組む安倍知恵さんも、他人の言葉を成長の糧にすることができる学習能力の高い人だ（一〇八ページ）。

とくに、福井さんと安倍さんの、自分の経験から学んだことをちゃんと自分の言葉にしている点と、学ぶということを意識して習慣化している点に注目してほしい。

しかし、一概に経験から学ぶといっても、ただ経験しただけでは多くは学べない。大事なのは、あらかじめ「こうなのではないか」という仮説を立てるということと、必ず結果を検証することの二つである。

残念ながら日本人にも日本の組織にも、この仮説と検証が根付いているとはいいがたい。ある経営コンサルタントが、「日本の会社の多くは、アメリカから最新の経営手法を輸入し、未消化のまま次々と新しいものに乗り換えていく」といって嘆いていたが、まさにそのとおりだ。

未消化とは、効果があったのかどうかまだ検証もしていない、要するに、やりっ放しということ。これではただ経験を消費するだけで、何も学習できない。

仮説があるから、その仮説が正しかったのか間違っていたのかという検証ができるのだし、どこがどう間違っていたのかが明らかになれば、次の一歩に結びつく。それが経験から学ぶということであり、その学びを繰り返すことが進化につながるのである。イメージやひらめきと熱い思いだけでものごとを考える人は、この仮説を言語化見える化せずに、闇雲に頑張ってしまうパターンになりやすいから要注意だ。イメージが湧いた人は、熱い思いを語るので一見リーダーシップが強いように見えるが、仮設を見える化せずに、闇雲に取り組み、その結果失敗しても学ばないので、同じ失敗を繰り返す。仮説の見える化と検証には論理的思考が不可欠だ。もちろん論理だけだとイメージが湧かないので、できない理由ばかり客観的に述べるタイプになってしまう。要は人間の能力全体の有機的な連携がないといけない。

「一般化」と「普遍化」は大違い

自分の限られた経験を、過度に一般化してしまって、それで自分は経験から学んでいると思い込んでいる人が少なくないが、こういう人は経験から学ぶということを、明らかに誤解しているといっていい。

私は料理が好きで、週末はよく自分で料理をつくる。そういう話を女性にすると、「男の人は料理をすると後片付けをしないから、男の料理は主婦にとってあまりいい趣味とはいえない」といわれることがよくある。

ところが、私は後片付けは決して苦手ではない。料理をしながら鍋やまな板はどんどん洗ってしまうし、食べ終えた食器はすぐに流しにもっていく。そう心掛けているというより、私の場合は切迫動機が強いので、何でも前倒しでやらないと落ち着かないのだ。

それで、「私は片付けますよ」と反論するのだが、「いえ、男の人は片付けが苦手なはずです」と、たいていは私の反論は受け付けられない。男の人は後片付けをしないというのが、すでに彼女たちの持論になってしまっているので、何をいっても聞く耳をもたないのだ。

では、その女性たちが料理をする男性をどれくらい知っているのかというと、せいぜい数人だろう。たまたまその数人が片付けなかったので、それを一般化して、すべての男性はそうであると決めつけてしまっているのだ。

こういうケースは意外に多い。「女性は運転が下手だ」「アルバイトに高度な接客はできない」など、たまたま何度かそういう人に出会ったり、そのような経験をしたというだけなのに、その人のなかではそれが、いつの間にか誰にも当てはある真実になってしまっているのである。

こういう過度の一般化は経験から学んでいるとはいえない。経験を普遍化できて初めて、成長や進化につながる学びになるのである。

それは、たとえばこういうことだ。

近年は、日本企業の中国進出が盛んだが、その際どこの企業も苦労しているのが、経営企画やマーケティング、商品開発といった、現地の多様なホワイトカラーを採用しなければならない部門のマネジメント。

しかし、中国では日本企業の知名度は低いし、人気もあまりないので、なかなか優秀な人材が集まらない。仕方がないので他社で活躍している人を、二、三割高い給料を提示して引き抜くのだが、そうやって確保した人材も、日本の本社で研修を受けさせるなどして、ようやく戦力として目処が立ったところで、さらに高い給料の会社に移ってしまうことが中国ではよくある。

このとき、「お金で簡単に動く」という現実から、「中国人は信用できない。彼らに育成投資しても無駄だ」と結論づけるのではなく、「お金で引き抜いてきた人はお金で去るのだ。お金以外の魅力で優秀な人をひきつけられる組織にすることが重要だ」と考えるのが普遍化であり、学びのレベルの差なのである。

また、中国で新卒の大学生を採用しようとすると、三年間で管理職にしてほしいと要求してくる上昇志向が強く学生が何人もいる。ところが、日本企業の日本人幹部は、三年で管理職が務まるわけがないとわかっているから、そういう学生を取り合わない。

ヨーロッパ系のある大手企業の中国本社で人事部長を任されている中国人にも話を聞いたところ、彼も三年で管理職にしろという中国人の若者は、マネジメントがまるでわかっていないといっていた。だが、彼の会社は三年間の管理職育成プログラムをつくって、そういう学生を喜んで迎え入れていた。

三年で管理職は無理だといっておきながら、三年間の管理職養成プログラムを用意しているというのは矛盾するのではないか。

私の質問に対する彼の答えはこうだった。「そのプログラムの本当の狙いは、三年程度では人のマネジメントなどできないということをわかってもらうことなのです」

早く管理職になって部下をもちたいと希望するのは、意欲あふれる学生だから、それをみすみす逃す手はない。だから学生の望みどおり三年間の育成プログラムを用意する。しかし、それは三年後に必ず管理職になることを約束するものではなく、マネジメントの何たるかを教えると同時に、管理職としての適性の有無を本人に気づかせるためのものだというのだ。

中国で新卒採用をやれば、すぐに管理職になりたがる学生が多いということは誰でも経験できる。そこで「そんな学生は要らない」と切り捨ててしまうのではなく、その経験を、ポジティブな学びに変えることができる人が、本当の意味で経験から学ぶことができる人であるといえる。

これがリアルなラーニング・カーブだ

ひとつの仕事で経験を積みながら、ラーニング・カーブがきれいな右肩上がりを描くことを、とくに若い人は望むかもしれないが、現代の変化の激しさを考えれば、そんなことはめったに起こらない。むしろ予期せぬキャリアチェンジは必ず訪れるものと覚悟しておいたほうがいい。

そして、キャリアチェンジの際は、それまで積み上げたものが一瞬にして消滅してしまったという感覚に襲われるキャリアショック状態に陥る人も少なくないはずだ。

しかし、それまでのキャリアで経験したことを、具体的レベルにとどめずにちゃんと普遍化できている人ならば、キャリアチェンジに遭遇しても振り出しに戻ることはない。ラーニング・カーブはそこでいったん垂直に落ち込むがゼロにならず、そこからまた上昇が始まるのである。

さらに、そういうことを何度か繰り返していると、ラーニング・カーブが右肩上がりののこぎり型になる。これこそが、いまの時代に適したキャリアの形だといっていいだろう。カーブにポケットがたくさんあるということは、要するにそれだけ経験の幅が広いということなので、同じ仕事をするにしても、その職場や職種しか知らない人に比べ、多様な発想ができるから有利なのだ。

だから、キャリアチェンジを恐れる必要はない。

私がキャリアインタビュー調査をした女性に、昔ながらの日本的な組織で日本的な経営を行う中堅企業と、外国人がトップの外資系企業を経て、現在は、あるNPOの事務局長を務めている女性がいる。

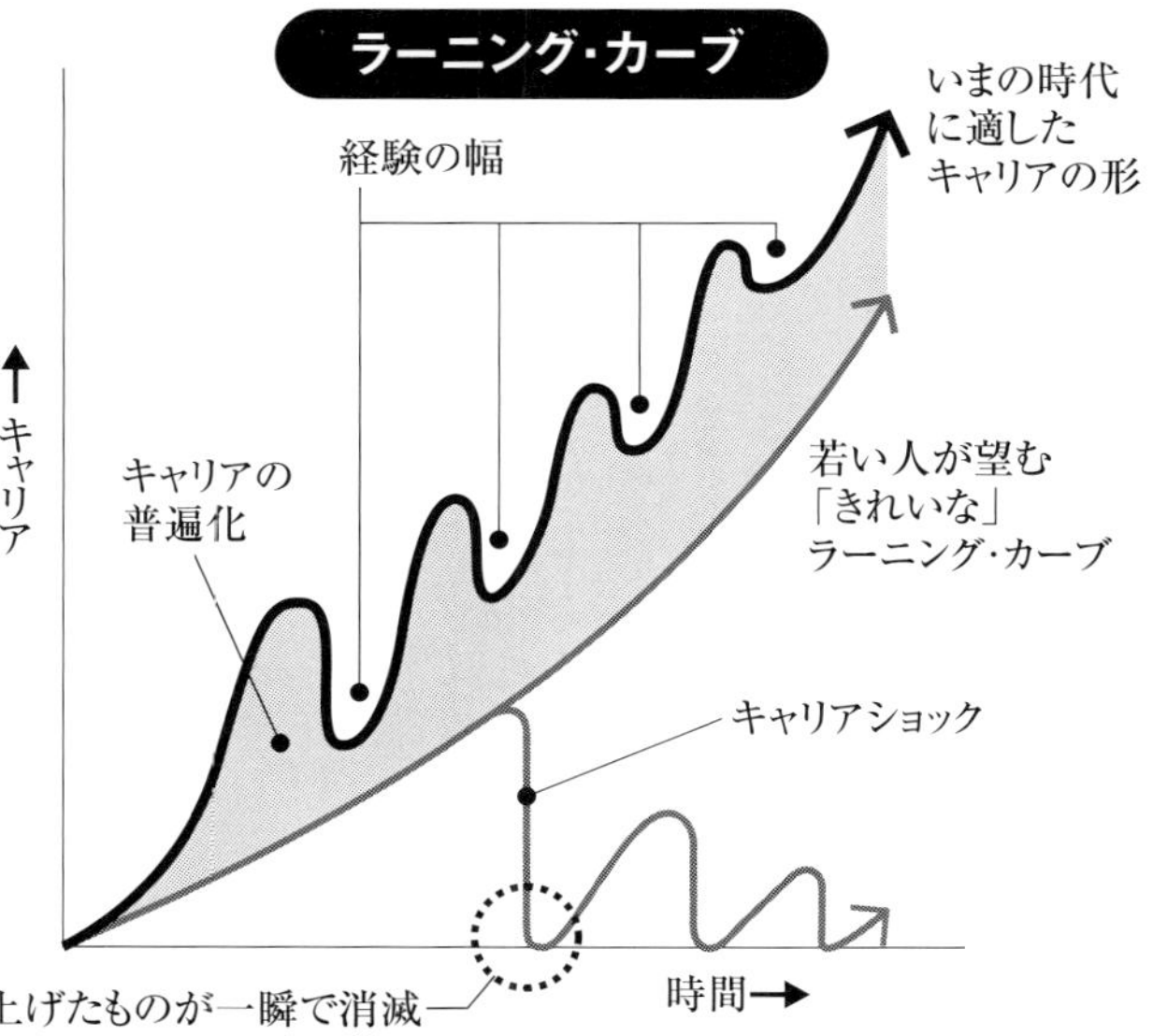
積み上げたものが一瞬で消滅

これまで勤めた会社でも、彼女はいまと同じような事務局的な仕事をしてきたのだが、なにしろ会社の環境がまったく違うので、やり方も同じではない。最初の会社では、事前に関係者に根回しをしておくことが重要だったが、次の外資系企業では、その根回しはまったく通用せず、なんでもオープン・ディスカッションにするほうがスムーズに事が運んだ。

現在のNPOは、人の役に立ちたいという意欲ばかりが前面に出た人が多く、また出入りも激しいという特徴があり、前二社のときとはこれまた環境がまるで違うので、以前のやり方はそのままでは通用しない。いま役に立っているのは、それまで興味があって自分で勉強してきた心理学の知識やカウンセリングの手法だという。彼女の場合、それまでまったく違った環境で柔軟なキャリアを積み重ねてきたことで応用力が養われ、NPOという未知の環境でも、とまどうことなく対処することができているのだ。

それまで大企業一筋で働いてきた人が、定年退職を機にNPO活動に参加したところ、「組織のマネジメントが全然ダメだ」と、それまで自分が会社でやってきたマネジメントを持ち込もうとしたら、他のメンバーから総スカンを食らったというような話を、最近よく耳にする。二十人しかいないNPOにいきなり社員一万人の会社の就業規則をあてはめようとしたところでうまくいくはずがない。ところが、人はそれしか知らないと、平気でそういうことをやってしまうのだ。

中堅企業、外資系、NPOと経てきた彼女に比べれば、ずっと大企業にいてキャリアチェンジをしてこなかった人のほうが、よっぽどそのキャリアは脆弱だということがおわかりだろうか。

COLUMN

近畿日本ツーリスト

営業推進室課長

福井善朗◆50歳

カッコいいオヤジになるための一泊二日体験合宿プログラム「元気なオヤジ倶楽部」。近畿日本ツーリスト（以下、ＫＮＴ）とタレントの清水國明氏が経営する「自然楽校」が共同で企画し、今年から本格的に販売を開始した団塊世代向けの旅行商品だ。この企画を仕切っているのが福井善朗である。

入社後、九州営業部に配属、通算二〇年間を九州で過ごした。以前は団体旅行などを手がける営業マンで、売上高に追われる日々。三五歳のとき、そんな福井に転機が訪れた。仕入れセンターに転勤になり、地方自治体や地域との関わりを持つようになったのだ。

「イケイケどんどんの営業からいきなりスタッフ部門への異動で、正直いってちょっと意気消沈しました」

ところが、意外な発見もあった。

「ＫＮＴで制作した旅行商品のパンフレットに、『みちしるべ』という、数十頁のガイドブックのようなシリーズがあります。収益効率がいい商品とはいえないが、これを持って回ったら、地元の反応が非常によくて、以来、仕事がしやすくなったのです」

この体験にヒントを得て、当時としては珍しく長崎県を一県単独で全国にキャンペーンする企画を実施。県の協力も得て大成功を収めた。このとき築いた自治体関係者とのネットワークが評価され本社勤務に。

「旅行会社が地方自治体と対等につき合い、協力し合うことでギブ・アンド・ギブのよい関係を築くことができる。目先の利益だけでは、これから増える着地型の観光産業は成り立たなくなると感じました」

今すぐ結果が見えないとしても、長期的に見て役立つことは五年、一〇年かかろうがやるべきだ。これが九州の仕入れセンター時代に学んだ知恵だった。

（「プレジデント」２００７年12月31日号掲載記事から要約。肩書や内容はいずれも雑誌掲載時のもの）

COLUMN

松下電器産業
「地球を愛する市民活動」
全社事務局
安倍智恵◆28歳

二〇〇七年一〇月、松下電器はグループすべての製造拠点で排出されるCO_2総量を、二〇一〇年度に〇六年度比で約一割削減すると発表した。松下電器の環境に対する意識は高い。一九九八年からはLE活動（地球を愛する市民活動）を進め、全従業員とその家族に、地球環境を守る意識を高めるための啓発、支援活動を行ってきた。〇七年七月に日本と中国で実施した「CO_2削減一〇万人エコチャレンジ！」には、日中合わせて一三万人もの従業員が参加している。

その立役者が、環境本部組織戦略チーム「地球を愛する市民活動」全社事務局の安倍智恵である。入社六年目の安倍は、LE活動の全社実行委員長も兼ねてこのチャレンジを主導した。安倍は、参加者の行動が、CO_2の削減にどの程度貢献しているかをひと目でわかるようにした。CO_2削減量を〝杉の木〟のCO_2吸収量に換算、削減量が増えると杉の木の本数も増える。それを社内のイントラネットで見られるようにした。元上司からは、CO_2削減量を杉の木のCO_2吸収量として数値化することは危険ではないか、と指摘された。

「算出方法の精度に不安を持ち、公表するのは参加者人数だけでいいのではと言われました。しかし、参加することの動機付けには、数値化がどうしても必要です。算出方法の根拠を示して納得していただきました」

安倍のポリシーは「耳の痛い話に耳を傾けること」だという。上司に叱られて泣いたこともある。

「環境本部に異動になって、環境報告書をつくったときです。書いた記事に魂がこもっていないと数え切れないほど叱られて、トイレで泣いたこともありました」

だが、「そろそろ次の種をまかなきゃいけない」と、あくまで安倍は貪欲だ。

（「プレジデント」2007年12月31日号掲載記事から要約。肩書や内容はいずれも雑誌掲載時のもの）

9章

9つの習慣 その⑨
仕事の言語化、仕事の見える化

隣の席の人が何をしているか いまの職場はわからない

いざというときに周囲の助けを得るには、
自分はこういうことをいまやっているのだということが
簡潔に説明できて、さらに、それを紙にまとめ、
誰でもそれをみればわかる状態にしておくことが必要なのだ。

隣の席の人が何をしているか、いまの職場はわからない

出光興産で有機ＥＬ物質の開発を手掛ける舟橋正和さんは「いろいろなアイデアの種を広くばらまき、これはと思う仮説や結果についてとことん検証するという発散と集中を繰り返しながら、一歩一歩目標に近づいていく」と、自分の仕事のやり方をきちんと言語化している（一一八ページ）。

ところが、総じて日本人はこの言語化や見える化が苦手だ。このことが、日本のホワイトカラーの生産性が低い理由のひとつになっているのは間違いないだろう。

自分の仕事を言語化し見える化することもまた、好ましいキャリアを築くために、ぜひ身につけておいてほしい習慣のひとつだ。

先日、何人かのワーキングマザーにインタビューをしたところ、ある女性がこんなことをいっていた。

独身だったころは、女性だからといってなめられたくなかったし、他人に迷惑もかけた

くなかったので、とにかく自分の仕事は自分の力でやり遂げようと、連日遅くまで会社に残って働いていた。

ところが、結婚して子どもが生まれたら、時間までに子どもを保育園に迎えにいかなければならないので残業は無理。就業時間中であっても、「お子さんが熱を出したので、すぐに引き取りにきてください」と、保育園から会社に電話が入れば、仕事を中断してすぐに向かわなければならない。自分ひとりで頑張ってもどうにもならず、周囲の人に助けてもらわないことにはやっていけなくなってしまった。

それで、どうしたらみんなが気持ちよく手伝ってくれるかいろいろ考えた結果、日ごろから同僚たちといい人間関係をつくっておくことと、自分がどんな仕事をやっているのかを言語化・見える化して周りにわかるようにしておくことの二つが、とくに大事だということにようやく気づいたそうである。

それにしても、良好な人間関係はわかるとしても、人の協力を仰ぐのになぜ言語化や見える化がそれほど大事なのだろうか。

それは、個々の仕事が以前に比べ、はるかにブラックボックス化しているからだといえよう。

これまで日本の職場は大部屋方式で、会話も電話も筒抜けだったから、説明などされなくてもそこにいるだけで、いま誰がどのような仕事をやっていて、それがどんな状況かまでが詳細に伝わってきた。

ところが、現在のようにＩＴ化が進み、各人が日がな一日パソコンに向かって仕事をし、顧客とのやり取りも電話ではなくメールで行うようになると、隣の席の人ですら何をやっているのかよくわからないというのが普通になってしまっている。

職場のありようも変わって、昔のように上司が部下を引き連れて居酒屋に行き、仕事の話をすることもない。

人に迷惑をかけて嫌われたくないという、真面目だが社会性の低い若者が職場にも増えていることも、仕事のブラックボックス化に拍車をかける一因となっている。

だから、いざというときに周囲の助けを得るには、自分はこういうことをいまやっているのだということが簡潔に説明できて、さらに、それを紙にまとめ、誰でもそれをみればわかる状態にしておくことが必要なのだ。

そして、これはなにもワーキングマザーのような人たちにかぎったことではない。仕事というのは基本的に人どうしの共同作業だということを考えると、言語化・見える化というのは、誰もが身につけておかなければいけない能力であり、習慣なのである。

見える化が与える影響

仕事を言語化・見える化しろといわれても、長年積み重ねた経験に基づいてその都度判断を下すのが自分の仕事だから、そんなことはできない――そういう人は、とくにベテラン社員には多いのではないだろうか。

先日みたテレビ番組が、まさにこのテーマを扱っていた。

経費削減のため、会社は総務部の仕事を中国・大連にアウトソーシングしようとするが、それに対し「ミスター総務」と呼ばれる五八歳のベテラン総務マンが敢然と反対する。自分の仕事はどれひとつとってみても、長年の総務経験に裏打ちされたもので、軽々しくアウトソーシングできるものなどないというのが彼のいい分。

そこで会社は彼に、どういう仕事の仕方をしているのかを、情報の集め方や判断基準のような細かいことまで逐一文章にして報告させ、それを検討したところ、なんと彼が「自分以外はできない」といった仕事の半分以上は大連で、五分の一以下の賃金でできることが判明し、彼はショックを受ける。

この例が如実に物語っているように、それなりの給料をもらい、周りからも一目置かれているような人は、いかにも自分には価値があるというように思いがちだが、じつは、それは錯覚かもしれない。実際はどうなのかということをはっきりさせてくれるという効果が、見える化にはあるのである。

そして、もし給料に見合うだけの仕事をしていないと判明したら、給料の額を正当化するような新しいキャリアに、その人はチャレンジすればいいのだ。

先のテレビ番組でも、ミスター総務は見える化で自分の現在価値を改めて知り、それを高めるために資格試験のための勉強を始めた。まさに、見える化が彼の進化のきっかけとなったのだ。

また、社内の無駄を省くために見える化を導入した会社もある。情報通信設備の設計・施工などを行う三技協がそうだ。

三技協では社長が、各部署の仕事をすべてフローチャートにして見える化することを命じたところ、そんなことは無理だという反発が部長連中から起こった。それでも、三年間かけて説得し、ようやく八割の部長は同意してくれた。ところが残りの二割が頑として首を縦に振らない。なぜ、彼らがそこまで頑強に抵抗するのか、社長は最初わからなかったそうだが、理由がはっきりしたらなんのことはない、彼らはフローチャートを描くのが嫌なのではなく、そもそも新しい工事のやり方を勉強していないなどの理由で、部下のやっていることがよくわからず、描こうにも描けなかったのだ。そこで、そういう部長には全員異動してもらって、ようやく全社的な見える化が実現したという。

問題がある部長をあぶり出し退席させた以外にも、見える化によって、社内の状況はずいぶん改善したという。なかでも、効果的だったのが海外での仕事。外国人にも仕事内容や手順が的確に説明できるようになったことで、海外での仕事が俄然やりやすくなった。また、中堅社員から個別に教わっていたときと比べ、若手社員のラーニングスピードが格段に速くなったことも、見える化の収穫だということだ。

ソフトウェア化がラーニングを妨げる

経験から学んだ暗黙知をたくさんもっている優秀な人材が、これまで日本の現場には何人もいた。そして、これこそが日本の現場の強さだったといってもいいだろう。

ところが、二〇〇七年以降、これらの優秀な人間が定年退職で現場を離れつつあるというのに、貴重な暗黙知の伝承がスムーズになされていない。これが、いまものづくりの現場が直面している最大の問題だといわれている。

しかし、私には暗黙知の伝承よりも、むしろソフトウェア化によって「見えない化」が進み、現場にラーニングの機会がなくなりつつあることのほうが、より大きな問題のような気がしてならない。

かつては、現場で機械が故障すればみんなで原因を探り、悪い部分を修理することでラーニングができた。だから、ちょっとした打音の違いから故障個所を見抜くような、匠の技をもった職人が、どこの現場でも育ったのだ。

ところが、現在は機械の信頼性が上がり、故障自体が起こらなくなっているから、現場の人間はマニュアルどおりのオペレーションばかりやっていて、肝心のラーニングの機会が奪われてしまっている。また、故障が起きてもソフトウェアごと、もしくは基板ごと交換してしまうので、故障個所を発見したり故障の原因を究明したりする必要がないというのも、同じくラーニングを妨げる理由になっている。

つまり、仕事をしながら経験から学び暗黙知を身につけるという昔ながらのやり方が、現代の現場では通用しなくなってしまっているのである。

故障が少なくなったというのは、決して悪いことではない。だからといって、暗黙知の重要度が下がったというのは間違いだ。事故や故障がまったくなくなるということはあり得ないし、いざというときに機能する技術やノウハウがないというのでは、あまりに危険で組織としても脆弱だといわざるを得ない。

そこで、ここでも見える化が活躍することになる。仕事を見える化して、もはや現場で学べなくなった暗黙知を現場以外のところで体得できる仕組みをつくるのだ。フライトシミュレーターで胴体着陸の訓練をする航空機のパイロットをイメージするといいだろう。これからの時代はあのような形でしか、暗黙知は手に入らないのかもしれない。

COLUMN

出光興産

電子材料部　ＥＬ開発センター
ＥＬ材料開発チーム　シニアリサーチャー

舟橋正和◆40歳

液晶に代わる次世代技術の最有力候補が有機ＥＬ。世界で初めて実用化レベルの青色有機ＥＬを開発したのが出光興産だ。現在、青色では世界トップのシェアで、世界の電機メーカー数十社に供給する。その出光で、「青色のエキスパート」として有機ＥＬ物質の性能記録を次々に塗り替えているのが舟橋だ。

舟橋は、大学院で有機化学を研究した後、九三年に出光興産に入社。「有機合成、特に石油化学に近い分野を研究していたので出光を選んだ」が、担当は有機ＥＬではなく、新しい液晶材料の開発だった。

入社以降、景気が低迷。成果がなければ事業縮小というプレッシャーのなか、落ち着いて研究ができず、成果も出ない。苦悩の日々が四年も続いた。

九七年、転機が訪れる。有機ＥＬのテレビを作って展示会に出展するプロジェクトが始まった。舟橋が有機ＥＬチームに合流したのはこのときだ。結果は大反響で、「石油会社がこんなものを作るのかという驚きをもって迎えられた」。この評価が舟橋の研究意欲を一気に高めていく。

どん底のときも舟橋を奮い立たせたのは、「明日はいいことがある」という前向きな姿勢だった。しかし、それだけでは成果は出ない。

「失敗の連続でも、平常心を心がけ、いつも一定のペースを守っていると、何かちょっと違うなという気づきがある。そこにブレークの種があるかもしれません。アイデアの種を広くばらまき、これはと思う仮説や結果について、とことん検証します。このアイデアの発散と集中を繰り返し、一歩一歩目標値に近づいていくのです。本質的に大事なことは何かをいつも考えていないと、見落としてしまいます」。

（「プレジデント」２００７年12月31日号掲載記事から要約。肩書や内容はいずれも雑誌掲載時のもの）

10章

これからの
キャリアの条件

ワークライフ統合の時代

皮肉なことに現代は、仕事しかしていないと、かえって仕事の能力が
身につかない時代なのだ。個別の仕事の専門性が深くなりすぎて、
ひとつのことしかやっていないというのは、
人間としてバランスが悪いといういい方もできる。

ワークライフ統合の時代

最後に、これからの時代に重要度がよりいっそう増すと思われる、ビジネスパーソンの習慣に言及しておこう。それは「ワークライフ統合力」だ。

最近は、ワークライフバランスということが、いろいろなところでいわれている。社会が多様化し、昔のように、「男は仕事、女は家庭」というような単一な価値観ではくくれなくなった。地域コミュニティーが崩壊し妻や子どもの経済面だけでなく精神面も、夫や父親が支えなければならなくなっている。家庭回帰傾向が世界的に強まり、ワークライフバランスを考えない会社には優秀な若者が集まらないなど、個人や家庭そして会社にとっても、ワークライフバランスが、大きな問題になりつつあるのだ。

だが、これらの問題の本質を考えるなら、ワークライフバランスよりも、むしろワークライフ統合というほうが適当だと私は思う。

この、ワークとライフの統合という概念は、日本でも話題になった『フリーエージェント社会の到来』の著者であるダニエル・ピンクが提唱している。

これからは、フリーエージェント型の働き方が主流になってくるだろう。そして、そういう働き方をする人たちには、ワークとライフはセパレーション（分離）するものではなく、インテグレイト（統合）するものと考える特徴がある。つまり、ワークライフ統合の時代が来ると彼はいっているのだ。

この点については、私も異論はない。

そもそも、ワークとライフを区別するという考え方は、一日のうちの何時間かを提供することで対価をもらうという働き方を人がするようになった産業化社会で初めて生まれたのであって、それまではワークとライフの区別など人類はしていなかったのである。

それでは、なぜワークとライフは統合したほうがいいのか。

ワークとライフを区別するというのは、要するに公私混同はまかりならんということだ。

しかし、現在のような変化の激しい時代には、むしろ公私混同、あるいは公私混流して、開かれた多様な社会関係資本をつくっている人のほうが、仕事でも多くのベネフィットを得ることができるのである。

それに、ライフを軽視してワークばかりしていると、その仕事でしか通用しない狭い能力しか磨かれない。これでは予期せぬキャリアチェンジが起こったときに耐えられない危険性が大きい。

また、キャリアチェンジに見舞われなかったとしても、仕事を取り巻く環境はどんどん変化しているから、それに応じて仕事の内容や必要な能力が変わるのは当然だ。ところが、新たな能力を求められても、仕事以外の場所でそれを育ててこなかった人は、とっさに応じられない。皮肉なことに現代は、仕事しかしていないと、かえって仕事の能力が身につかない時代なのだ。

個別の仕事の専門性が深くなりすぎて、ひとつのことしかやっていないという状態は、人間としてバランスが悪いといういい方もできる。「創造性か論理思考か」ではなく、その両方に頭を使っていないと、変化の時代に一番肝心な学習能力が低下する。

ある女性が、どんなに仕事で疲れきって帰宅しても、幼いわが子に「おかあさーん」と抱きつかれた瞬間に、仕事の疲れは一気に吹き飛ぶと教えてくれた。もちろん、育児は育児でストレスがたまるのだが、そっちは仕事に打ち込むことでいつの間にか解消されるのだそうだ。

ところが、これがどちらかひとつだと、かえってワーカホリズム、育児ホリズムに陥る危険が出てくる。育児ホリズムとは、ワーカホリズムのように、育児に長時間コミットしていないと母親が不安になる、育児依存症という意味の私の造語だ。

重要なことが二つ以上あるから、ひとつのことで発生したストレスが、別のところで発散できて、うまくバランスがとれるのだ。

ただし、仕事と育児とどちらが重要かというプライオリティをつけてしまうと、一方がもう一方の阻害要因となるだけで、これではインテグレーションにならない。仕事とプライベートも、どちらが重要か決めることは、ワークライフストレスの観点から逆効果だといわれている。プライベート重視だと、仕事が生活の手段化し（仕事を）楽しめない、「楽しめる仕事」になるまでキャリアが到達しにくい。仕事重視だと家庭を経済的には支えることができても、精神的に支えることができない。その結果、本人でなく家族のメンタル面での問題で仕事に支障をきたす状況をうまく解決できないといったことが、最近は多発している。あくまで、人生には重要なことは二つ以上あるのだ、どちらも重要と考えるべきなのである。

これは経営者が株主と社員のどちらを大切にするべきかという議論にも似ている。両方大切なのであり、それを良い循環にするのが経営者の役割なのだ。どちらか一方に決めればもう一つはその手段となり、悪循環が回りだす。

アンマッチ社会のキャリア

先にゴールを決め、そこに向かって目的合理的に行動することがキャリア自律だというのは誤解であるという話は、本書でも何度かしてきた。

この先何が起こるかなど、誰にもわかりはしない人生を、計画的に管理できると考えるのは幻想でしかない。

マッチングの問題もそうだ。

キャリアの本を開くと、決まって「自分の適性にあった仕事を選べ」「好きなことをやるべき」などと書かれているが、こういう考え方にはまるで根拠がないし、むしろ若者のアンマッチ現象をいたずらに拡大させることにもなりかねない、非常に危険な思想だといえる。

だいたい、その仕事が自分に合っているかどうかなどということは、実際に自分で働いてみないかぎりわかりはしないのだ。もっと正確にいうなら、その仕事に何年か従事して初めてやりがいもわかるし、また、その仕事を通して成長することで、次に進むべき道もみえてくるのである。

だから、高校生のうちからインターンシップをやらせて将来の進路を決めるようなことも、できればやめたほうがいい。アルバイト気分で二、三日働いたところで、仕事の本質までわかりはしない。逆に、その仕事の一面だけをみて、これもダメ、あれもダメと自らの可能性を狭めてしまうことのほうが心配だ。

現在は、昔と比べものにならないくらい、職業や会社選択に関する情報もいくらだって手に入る。しかし、長期的視点でキャリアをとらえようと思ったとき、一番大事な情報は往々にしてそれらに含まれていない。

そして、その無意味な情報の海の中で、仕事に対するモチベーションがそれほど高くない人は、自分が活かせる仕事が見つからないと、意思決定を先送りしてフリーターになるか早期の転職を繰り返すのだろう。

また、逆にやる気のある人は、「私は絶対これになる」と無理やり選択肢をひとつに決め、それ以外の情報はすべて余計なものだとして遮断するようになるかもしれない。

いっておくが、将来どんな能力が必要になるかなど、今の時点でわかるはずがないのである。ただひとつ確かなことは、早くから選択肢を絞り狭い世界しかみなければ、今後絶対に必要になる、変化に対応する能力が育たなくなるということだけだ。人生というのは、想像以上に複雑なメカニズムででき上がっている。そして、デメリットはみえやすいが、未来に活きる本当のメリットはなかなかみえないと思っていた方がいい。

遊ぶ能力を開発しよう

仕事に役立たない人生経験などひとつもないというのが、ワークライフ統合の基本だといっていいだろう。

言い換えれば、いまの仕事だけやっていてはダメだということだ。だから、育児でも趣味でも地域社会でも、進んでそこにコミットしたほうがいい。仕事とはまったく別の役割をこなすシャドー・ワークのようなものは、自分の人生にどんどん取り入れていったほうがいい。そうすることで柔軟性の高い学習能力が身につき、それが好ましいキャリアづくりにつながっていくのである。

さらに、キャリアづくりに必要なことをもうひとつ付け加えるとすれば、それは遊ぶ能力の開発だ。現在のホワイトカラーの仕事に必要な能力というのは、明らかに論理的思考に偏っている。しかし、人間というのは本来、あらゆる能力を全方位的に使うようDNAにプログラムされているはずなのだ。

ところが、車に乗ってばかりいると足腰が弱くなるように、一部の能力ばかり使っていると、使われていない部分が退化して、急に使おうと思っても機能しないということになりかねない。仕事ばかりしてきて遊ぶということを長年疎かにしてきた人は、遊びに必要な能力が、すでにかなりスポイルされてしまっている可能性が高い。

以前、石垣島の移住者についてこんな話を聞いたことがあった。

最近は、第二の人生を石垣島で暮らそうと、都会から移住する人が急に増えたが、中にはせっかく家を建てたのに、早々に都会に戻ってしまう人もいる。

地元のおじいやおばあがやっている遊びに参加しても、すぐに退屈してしまって楽しめない人は、まずダメらしい。それで、石垣島というのは思ったほど楽しくない、これなら都会のほうがよかったとなってしまうのだ。「遊びにも修業が必要なんだよ」とその人はいっていたが、まさにそういうことなのだろう。

世の中をみていると、遊ばせる側の技術はどんどん高くなっている。楽しみたい、癒されたいと思う人は、お金を払ってそのサービスを買えばいい。しかし、それでは遊びをクリエイトする能力は開発されないばかりか、退化する一方だということに気がつかなければならない。

ささいなことにも感動を覚え、遊びをつくり出していけることは、どんな仕事でも楽しめるということでもあるのだ。

いつも楽しそうに働いている人は、遊びも達人だと思って間違いない。

まとめ

好ましいキャリアをもった人の働き方や考え方を分析し、明らかになった特徴を、九つの切り口にまとめ、さらに私独自の視点を最後に一つ加えたのが本書である。

しかし、読んで納得しただけでは意味がない。大事なのは、意識して彼らの習慣を、一つでも二つでも身につけるということだ。

たとえば、自分の動機の悪い部分が出たときのパターンをあらかじめ箇条書きにしておいて、それが出てしまったときはすかさず、「また3のパターンが出ているぞ、気をつけろ」と幽体離脱して諫める。これを今日から始めるだけでも、あなたのキャリアは確実に好ましい方向に向かうはずだ。

習慣化には「無意識・無能」から「無意識・有能」にいたるプロセスを経なければならない。

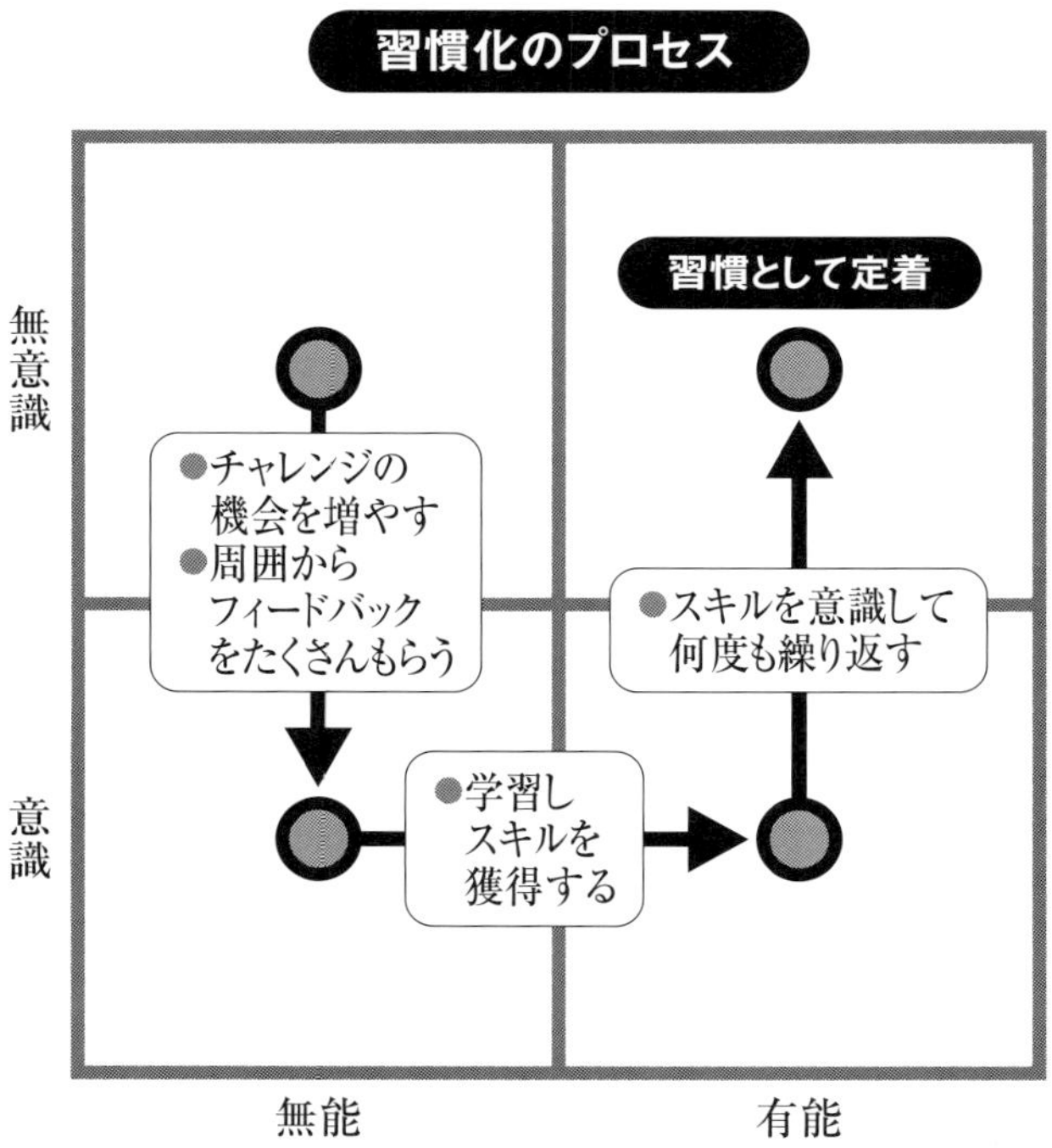
習慣化のプロセス
無意識
意識
無能
有能
●チャレンジの機会を増やす
●周囲からフィードバックをたくさんもらう
●学習しスキルを獲得する
●スキルを意識して何度も繰り返す
習慣として定着

「無意識・無能」から「意識・無能」になるためには、チャレンジの機会を増やすことと、周囲からフィードバックをたくさんもらうことの二つが必要だ。

さらに、学習しスキルを獲得することで、「意識・無能」は「意識・有能」になる。

「意識・有能」をさらに高めて「無意識・有能」にするには、そのスキルを意識して何度も繰り返すこと。そして、意識しなくても自然に行動ができるようになったら、そのときは習慣として定着したということだ。

もともと動機にあることならば――「意識・有能」までもっていくことができれば――習慣化まではそれほど難しくはない。

ただ、自分の動機にないもの、あるいは動機の強い負の部分を矯正するようなものを習慣化するにはかなりの努力が必要だ。それでも、三カ月から六カ月継続することができれば、必ず習慣化できる。

くれぐれも、途中で諦めないこと。

どのようなキャリアになるかは目標が決めるのではなく、その人の習慣によってつくられるということを忘れてはいけない。

索　引

より詳しく知りたい人のために

●著者近著

……『キャリアショック』（ソフトバンク文庫、2006年）

……『スローキャリア』（PHP 文庫、2006年）

……『人材マネジメント論』（東洋経済新報社、2006年）

……『人が育つ会社をつくる』（日本経済新聞出版社、2006年）

（高橋俊介・金井壽宏共著）……『キャリア常識の嘘』（朝日新聞出版、2005年）

（高橋俊介・金井壽宏共著）『部下を動かす人事戦略』（PHP 新書、2004年）

……『キャリア論』（東洋経済新報社、2003年）

……『成果主義は怖くない』（プレジデント社、2002年）

●本書に登場する文献

ベーカー, ウェイン ……『ソーシャル・キャピタル―人と組織の間にある「見えざる資産」を活用する』……（ダイヤモンド社、2001年）

速水敏彦……『他人を見下す若者たち』（講談社現代新書、2006年）

著者略歴 ◉

高橋俊介（たかはし・しゅんすけ）

慶應義塾大学大学院政策・メディア研究科教授。
1954年、東京都生まれ。78年、東京大学工学部卒、日本国有鉄道入社。
84年、プリンストン大学大学院工学部修士課程を修了し、
マッキンゼー・アンド・カンパニーに入社。
89年、ザ・ワイアット・カンパニー（現ワトソンワイアット）入社。
93年、同社日本法人社長就任。
97年に独立し、個人事務所ピープル ファクター コンサルティング設立。
2000年より現職。主著に『スローキャリア』（PHP研究所）、
『キャリアショック』（ソフトバンク文庫）、
『成果主義は怖くない』（プレジデント社）など。

キャリアをつくる9つの習慣

発　行 ◉ 2008年7月20日　第1刷発行

著　者 ◉ 高橋俊介
発行者 ◉ 藤原昭広
発行所 ◉ 株式会社プレジデント社
〒102-8641　東京都千代田区平河町2-13-12
ブリヂストン平河町ビル
電　話 ◉ 編集（03）3237-3732
販売（03）3237-3731

装　幀 ◉ 竹内雄二
組版指定 ◉ 言戸堂
印刷・製本 ◉ 中央精版印刷株式会社

ISBN978-4-8334-1877-5　C0034　Printed in Japan
落丁・乱丁本はおとりかえいたします。